大美汉字系列

叫得响的名字

吴永亮 ——————— 著

山东画报出版社

济 南

图书在版编目（CIP）数据

　叫得响的名字 / 吴永亮著 . -- 济南：山东画报出
版社，2025.4 --（大美汉字系列）. --ISBN 978-7
-5474-4514-3

　Ⅰ . H12-49

中国国家版本馆 CIP 数据核字第 2025TW9811 号

JIAO DE XIANG DE MINGZI
叫得响的名字
吴永亮　著

责任编辑　梁培培
装帧设计　王　芳　刘悦桢　丁文婧

主管单位　山东出版传媒股份有限公司
出版发行　山东画报出版社
　　　　　社　　址　济南市市中区舜耕路517号　邮编 250003
　　　　　电　　话　总编室（0531）82098472
　　　　　　　　　　市场部（0531）82098479
　　　　　网　　址　http://www.hbcbs.com.cn
　　　　　电子信箱　hbcb@sdpress.com.cn
印　　刷　济南龙玺印刷有限公司
规　　格　160毫米×230毫米　32开
　　　　　　5.75印张　110千字
版　　次　2025年4月第1版
印　　次　2025年4月第1次印刷
书　　号　ISBN 978-7-5474-4514-3
定　　价　35.00元

如有印装质量问题，请与出版社总编室联系更换。

序

"画报"，我对山东画报出版社的简称。这称呼透着简约、亲切，还特有画面感。

知道"画报"源于《老照片》系列丛书。一张张旧时泛黄的相片，一页页浸透沧桑的文字，一册册稍薄但特别"厚重"的书籍，让一代代人回望走过的路。

2008年初，我撰写的《中国汉字的故事》在山东画报出版社出版，并且加印，受到了读者的欢迎。

2022年初，为更好地展现新时代文化自信，许多出版社掀起了一股弘扬中华优秀传统文化的热潮。在此大背景下，编辑梁培培找到了我，要打造一本普及汉字文化的图书。刚好我电脑存有五年前关于给部分汉字上下左右加部件形成新一批汉字的书稿。于是经过半年的精心打磨，《我是小仓颉》

来到了许许多多小读者的手中。

原以为与"画报"的友情会暂告一段落，不料想，2023年7月25日，我和责编、发行部的同志们去泰安市宁阳县，开展"小仓颉走进宁阳城"读书活动。回程路上，发行部老师说："山东新华书店集团有限公司正在打造'新华荐品·爆品图书'，今天你讲的内容，加上《中国汉字的故事》《我是小仓颉》的知识点，我们回去后研究一下，可以形成新选题，冲一冲'爆品'。"

经过层层论证，选题终于得以通过，于是《了不起的汉字》《叫得响的名字》《别了，别字先生》列入出版日程。这三本书和《我是小仓颉》组成了"大美汉字系列"。

《了不起的汉字》可看作这套书的概述卷，从世界文字说起，再讲汉字从哪里来，跟着部首去认字，读准汉字不简单，以期读者对汉字有个大致了解。

《叫得响的名字》从我们人人都有的姓名入手，陪着读者去了解几千年来我国各朝代名字的由来，再讲述全国34个省级行政区名称及简称、别称的来龙去脉，随后了解大国重器名字背后的深刻含义、曲折艰辛与灿烂辉煌。

《别了，别字先生》从错别字的定义、危害进行分析，从繁简字、音近义近词、"别上想当然的当"等角度，用典型案例说事拉理，希望小读者举一反三，早点远离"别字先生"。

《我是小仓颉》通过在给定的汉字（母字）上下左右四个方向添加部件或汉字，组成一批汉字。用图文并茂的方式对母字和组字后的代表性个字进行源流介绍、应用举例。

四本书力求以图文并茂的形式吸引读者，以大量鲜活的事例感染读者，以填空、召开班会、撰写体会等方式拉近与读者的距离，最终让读者阅读《我是小仓颉》长阅历，阅读《了不起的汉字》长自豪，阅读《叫得响的名字》长志气，阅读《别了，别字先生》长见识。

希望大小读者们看完这套书，能够更进一步了解我们的汉字，喜欢我们的汉字，认对、读准、用好我们的汉字，如果能写一手漂亮的汉字，那就再好不过啦！

目　录

第二篇 趣谈朝代名、国名和地名

第三篇　国之重器因何命名

第四篇　名称蕴含大学问

第一篇

有故事的名字

话说名和字

名字是名与字的组合，是父母等长辈寄予孩子美好愿望的体现。常常是宝宝未生，名字先行。为孩子取名时，长辈往往反复斟酌，引经据典，有时还请德高望重的鸿儒指点一番。名字要有高远的寓意，同时字面要典雅，音韵要响亮、起伏，还不能产生不好的联想。

在现代社会中，姓、名共同构成一种符号。但姓与名实际是有区分的。名的使用要早于姓，两者组合是一种后来的文化习惯。春秋战国以降，中原地区逐渐形成稳定的华夏式姓名习惯，即"姓（氏）＋名"。

我们还是把话题再回到名字上来。名，从夕从口，是指晚上喊。天黑，遇见人，一般会脱口问道："谁呀？"对方回答："我，某某……"这个某某就是名。还有就是，每每夕阳西下，满街满巷满村落都会飘荡着"某某某，回家吃饭了……"古时候，很多小名带有"臭""丑"，如地瓜蛋、狗剩、狗不理、狼不咬等，俗话说"贱名好养活"。据说能避邪祛病，别叫阎王爷惦记着；再说希望孩子像皮实的小猫小狗，没病没灾的好养活。

古时候，孩子出生三个月以后到十岁以前都会有一个乳名，这是人生中的第一个名字。

乳名，亦叫奶名、小名，特指婴儿出生时家长所取的非正式的名字。据载，秦汉时期就有了"小名"的称谓。

人们熟知的古代帝王如蜀汉后主刘禅，小名阿斗；魏武帝曹操，小名阿瞒。现代人也有乳名，如郭沫若小名文豹。

有按出生时体格特征起小名的，如八斤、六六、胖孩；有按节令时辰的，如春儿、芒种、小满、小雪；有按蔬菜叫的，如南瓜、萝卜、青菜等；有祈福祈愿的，如来福、来顺、喜儿、进步、学习；有体现家国情怀的，多带有时代烙印，如文化、建国、东风、改革。当然，也有按排行顺序随意起的，如老大叫蛋儿，下面就叫二蛋、三蛋、四蛋。还有的开始两个还认真起名，后来就懒得动脑子了，不论男女，小三、小四、小五接着叫起来。

古人一般在十岁以后才有正式的名字，即"训名"。这个论字排名的属于大名，通常用于写入家谱。

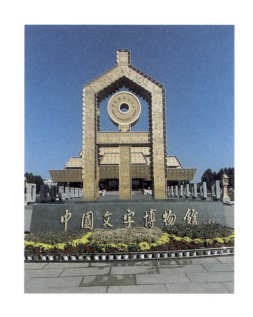

说了"名"，再来聊聊"字"。不难看出，"字"就是宝盖头与孩子的结合。宝盖头就是房子，如家、安等。字的本义就是在家里哺育孩子健康成长。笔者在十年前专门去河南安阳中国文字博物馆（请注意，是"中国文字"而不是"中国汉字"）学习过，广场上有"字"雕塑（见上图）。

回到正题，字本义与写字、认字、识字的"字"没有半毛钱的关系。我们知道，一个家庭哺育孩子长大，就是希望孩子长大成家立业，建立一个小家庭，而小家庭第一要务就是要有房子。成家，主要任务就是繁衍后代，传承家庭香火。为何"字"由成家生娃借给了写字的"字"呢？"文"代表独体字，拆不开。独体字大都是象形字，但象形字越造越困难。后来独体字与独体字结合，就有了造字捷径。这种组合大致分两大类，同类组合：如人与人组合出从、众，木与木组合出林、森。关于此类字，笔者多方搜集整理后出版了《有趣的会意字》，有兴趣的读者可翻阅。异类组合：一类是一个独体字与另一个独体字不同方向上组合，如岭与岑；一类是一个独体字与不同独体字组合，如皮与扌、氵、土、石、衣、疒、皱等繁衍出披、波、坡、破、被、疲、皱等；一类是独体字与合体字组合，如水＋解＝澥；一类是合体字与合体字组合，如行＋瞿＝衢。一下子，造字就不再那么"难于上青天"了。尤其是近代，科学技术发展越来越迅猛，新生事物出现越来越快，如元素周期表不断扩容。怎么办？组合！金属类就是"金"＋声部，于是就有了镭、锗。非金属元素的单质在常温常压下为固、液、气态的，分别以石字旁、三点水和气字头为部首，一般采用左形右声的形声字。如此这般，"字"由在家哺育孩子成长等，就借给文字、汉字的"字"了。这个借就是源于"繁衍"。我们知道，字的本义是传承家庭文化，后来文字的"字"义就是传承家庭、民族、国家的文化，可谓是一脉相承，何乐而不为呢？遗憾的是，"字"的本义现在被许多人遗忘了，但愿此篇给人们一些提醒。

继续谈名字。古时，男子二十岁时要举行弱冠之礼，女子十五岁时举办及笄（jī）礼。这两个礼，也叫成人礼，仪式少不了将头发盘起来，男子戴上冠、女子头上插笄子。弱，表示还在初级阶段，不够强大，所以叫弱冠。及，意思是靠近、插上，于是就有了及笄。头发一束，表示成人了，不能再像过去头发蓬松着随意行动了。仪式上，长辈们特别是德高望重的老者，要给成人的男子、女子起个"字"，告诉亲朋好友，孩子无论是身体发育还是操持农活家务，都具备成家立业的资格了。打这开始，原来的小名只能是自己的至亲喊了，其他人只能称呼其"字"，若还喊"狗剩"就是对人大不敬。也有的说，女子及笄之礼，在闺房中等待心上人来提亲，被命"字"，"待字闺中"蛮符合这个意思。

从以上我们不难看出，先有名后有字，但后来就分得没那么清了，统称为"名字"。"名以正体，字以表德"，意思是说，名是用来区分彼此的，字则是表示德行的，所以，字又叫表字。

除了名、字，还有一部分圣贤雅士嫌名、字不能完全表达自己的抱负、理想，于是创造性地取"号"为新的境界和追求。号是一种固定的别名，又称"别号"。

早在周朝时，人们就开始取号。"号"是人在名、字之外的尊称或美称。如范蠡别号"鸱夷子皮"等。隋唐时期，

第一篇 有故事的名字

伴随着封建王朝的强盛和文化的高度发达，取别号的人也逐渐多了起来。如李白号"青莲居士"，杜甫号"少陵野老"，白居易号"香山居士"，皆属此类。到了宋代，取号之风又有进一步发展。人们熟知的《水浒传》一百单八将个个都有别号，正是代表当时的社会风气。明清人更把取号视为一种时髦，上至皇帝，下至黎民百姓，几乎人人有号。没号你就out（过时）了。

在古代，除了地点、兴趣与"居士"组合成号，还可由书斋、抱负、生辰年龄、文学意境、形貌特征等和"斋""庵""山人""子""道人""翁""叟""老人"等组合成号。如北宋黄庭坚号"山谷道人"，南宋陆游号"放翁"，南宋杨万里号"诚斋"，等等。有的号则没有后缀，如清代王夫之号"姜斋"（人称"船山先生"），顾炎武号"亭林"。"法号"一般是佛教出家人自取的一个号，如弘一大师的"弘一"就是法号。道教仿照佛教，也有道号，如《西游记》中的"镇元子"就是道号。

除了用名、字、号等称呼人，历史上还存在以地望（地名）敬称他人，如柳宗元为河东人，故世称"柳河东"；以官爵名称呼他人，如杜甫曾任左拾遗，故世称"杜拾遗"；以谥号称他人，如范仲淹谥号"文正"，世称

"范文正公"。这些往往是他们去世之后，后世对他们的尊称。

先天下之忧而忧
后天下之乐而乐

取号与取名、字不同，一般不受字数限制。从已知的历代名人别号来看，三四个字的号居多。

对别人尊重，除了不给别人起外号，还应记准别人的名字，这才是对对方最大的尊重。

"字"，还有一项伟大的功能，那就是行（háng）辈字。

古人考虑到因战乱、气候等变化引起族人漂流四方，加之没有计划生育的概念及手段，自然就会出现叔叔比侄子年龄小，外甥比舅舅岁数大的现象。怎么办？为了使族属代代不乱，长幼有序，老少尊卑，古人逐渐形成了一套规范条例。古人想到用"字"作辈分，这样无论你在天南地北，还是在五湖四海，同姓者互报"字辈"，如果对得上，该叫叔的你得喊叔，当喊爷的你不能称伯。小字辈、老字号，细细琢磨，还是颇有味道的。

按字排辈，"排辈"两个字都含有"非"，而"非"本指鸟排列整齐的翅膀。排辈两字列在一起，看来又是古人精心安排的结果。行辈字，通常在姓名中间（如笔者弟兄三个，由大到小依次为吴永明、吴永亮、吴永坤），也有的放在最后。

这样说来，起大名时通常只有一个位置的汉字选择权。现在的年轻人追求创新、别致，行辈字一般会被抛到脑袋后面去了。不过笔者建议，每个人都应按行辈字起一个能载入族谱的名字，这样便于登记造册，易于辈分的排列。

名与字的关系大致可分为以下几种

一是意义相同的。

颜回，字子渊。渊，回水也。孟轲，字子舆。轲、舆都是车。诸葛亮，字孔明。明亮也。杜甫，字子美。"甫"是古代男子的美称。

二是意义相近的，可以互为辅助。

毛泽东，字润之。"泽"与"润"含义相近。欧阳修，字永叔。修，长；永，本指水流长，引申为长。秋瑾，字璿卿。瑾、璿，皆为美玉。许慎，字叔重。慎重也。张衡，字平子。衡、平义同。

三是意义相反。

韩愈，字退之。"愈"有"越来越近"之意。朱熹，字元晦。"熹"明亮，"晦"昏暗。顾炎武，字宁人。炎武，泛指干戈之事；宁人，使人相安无事。

四是名和字出自一句古语，含义互为补充。

曹操，字孟德。《荀子》："夫是之谓德操。"赵云，字子龙。《周易》："云从龙，风从虎。"于谦，字廷益。《尚书》："谦受益。"

五是相互关联、意义相延的。

杜牧，字牧之。牧之即放牧，延伸解释了"牧"的含义。马致远，字千里。骏马奔驰可致千里之意。关羽，字云长。由鸟儿的羽毛联想到天空的浮云。

趣说姓氏

每个人都有姓。姓是历史传承，一般不会改变。这就叫"行不更名，坐不改姓"。

姓＝女＋生，会意兼形声字。姓从女，是母系社会的反映，"生"除了生儿育女，还兼表声。同姓的人有共同的女性祖先，故古老的姓大多从女字，如姬（黄帝姓姬）、姜（炎帝姓姜）、姚、妫（guī，舜帝姓妫）、嬴、姒（sì，大禹姓姒）、妘（yún）等。因此生活中，我们每每遇到姓中带女字部首的人，要向他们肃然起敬才对。

相对于"姓＝女＋生"，而"甥＝生＋男"。姓与甥，前者"生"在右，后者"生"在左，想想蛮有意思。

姓最初源于部落图腾。图腾就是原始社会的人所尊崇的标志或象征物。有的部落尊熊为保护神，那么部落成员都姓熊。

随着一个部落的迅速繁衍，队伍日趋庞大，一块土地难以养活部落子民。怎么办？只能分散开来。分出去怕日久天长不好相认，就在姓这面大旗下另起一个氏。因而先有姓，后有氏。（当然还有其他说法）最初的氏是男性部落首领的称号，可以是封邑（解氏）、住地（西门氏）、官名（司马氏）、职业（陶氏）、祖先的字（孔氏）等。

氏，象形字。甲骨文 Ꙏ 似种子初萌长出的一根一芽形（也有说是人的变形）。如果在氏下另加一点，则成为"氐"（多音字，dǐ 与 dī），表示根扎到这里。也就是说氏与氐同源，后来二字表义有分工。氏，本义就是根柢。姓氏标志着祖宗的来源，也是一种根柢，故引申指男子称氏，女为姓也。后来用氏表示传说中的人物、国名、国号或朝代，后多加氏作为称呼，如伏羲氏、神农氏等。这里请大家注意：月氏的氏读作 zhī，古时也写作月支，汉朝西域国名。

到了周代，宗法制度严明，只有贵族可以有姓

伏羲氏

氏，老百姓没有资格。

战国以前，一个家族的女性用姓，男性用氏。氏冠在名字之前，而姓置于名字之后——犹如现代欧美人的习惯。秦始皇的氏为"赵"，姓为"嬴"，名为"政"，由于始皇是男性，所以就叫"赵政"；如果是女性，就叫"政嬴"了。后世呼秦始皇为"嬴政"，是不符合当时习惯的。

总的来说，古人姓什么，一般遵从当过啥官、生哪儿、住哪儿，或是爵位、封地、谥号，也有按照排行顺序来取名。举个例子：若你姓司马、司徒、司空、司寇、司土等，你的老祖宗可能就在历史上担任过这个职务。

传统意义上，待嫁女子往往在自己的姓前面加上伯仲叔季之类的排行就可以了。孟姜女哭长城的故事几乎无人不知。"孟"本义是头生子，自然也就表大；"姜"才是其姓氏。"孟姜女"实际就是"姜家的大女儿"。而且，孟姜女可以不是单指一个人，而是一类人的通称，凡是姜姓家的大女儿都可以叫孟姜女。

战国以后，大家开始以氏为姓，逐渐姓氏不分。在中华人民共和国成立前，我国许多底层妇女只有姓，外加小名，大名也只是到夫家后冠以某某氏。如笔者的姥姥姓戴，姥爷姓汪，于是姥姥户口登记的名字是汪戴氏。

生活中，我们经常会遇到"按姓氏笔画为序"。其中"笔划"与"笔画"是全等异形词，国家语言文字工作委员会（简称国家语委）将"笔画"作为推荐词条。另外，"按姓氏笔画排序"不可取，因为排列姓氏时常常会遇到同姓。怎么办？只好再按名来进行细分，所以正确的叫法应该是"按姓名笔画为序"。笔者姓吴，"吴"七画，按姓氏笔画排，应排在朱姓之后，周姓之前，但若遇到两位或两位以上姓吴的，则要按名字再排。

全国除元氏县带"氏"，还有河南省三门峡市卢氏县、开封市尉氏县，有兴趣的读者可以对其名字由来研究一番。遗憾的是，全国尚未找到带"姓"的地名，如发现带"姓"地名的朋友，还望联系笔者。

我国到底有多少个姓？这是一个问题，而且是一个严肃且庞大的问题。我们通常知道《百家姓》。《百家姓》是一部关于汉字姓氏的作品，按文献记载，成文于北宋初。原收集姓氏411个，后增补到504个，其中单姓444个，复姓60个。《百家姓》采用四言体例，对姓氏进行了排列，读起来朗朗上口，而且对于中国姓氏文化的传承、中国文字的认识等方面都起了巨大作用。这也是《百家姓》能够流传千百年的一个重要因素。《百家姓》与《三字经》《千字文》并称"三百千"，是中国古代幼儿的启蒙读物。"赵钱孙李"成为《百家姓》前四姓，是因为《百家姓》形成于宋代吴越钱塘地区，源自当时的宋朝皇帝赵氏、吴越国国王钱氏与妻孙氏以及南唐国王李氏。

《百家姓》从成册之时，就远远超过一百家。那我国究竟有多少姓氏呢？《中国姓氏大辞典》（2009年由江西人民出版社出版）中收录了23813个汉字姓氏。《中国姓氏大辞典》全部姓氏来自历代姓氏专著、考古发现和近代人门普查资料等。其中，单字姓6931个，复姓和双字姓9012个，三字姓4850个，四字姓2276个，五字姓541个，六字姓142个，七字姓39个，八字姓14个，九字姓7个，十字姓1个。十字姓为"伙尔川扎木苏他尔只多"，源于藏族。

这些姓氏在发展演变过程中，有的已消失于历史长河中，有的则经过世代传承延续下来，逐步形成目前在用的6000多个姓氏。据统计，"王、李、张、刘、陈"五大姓氏人口总数仍在全国户籍总人口中位居前列。

请问，您贵姓？

先说"免贵"。"免贵"是自谦，交际语中常用得到。不过也有个别姓可以免掉"免贵"。当然，这仅从姓的历史典故角度而言。

张姓不用说"免贵"，因为传说玉皇大帝姓张。据民间传说，玉皇大帝在成仙之前，原名叫张友仁。又比如，历朝历代的国姓，如汉朝的刘姓、唐朝的李姓、宋朝的赵姓、明朝的朱姓等。现代社会中，所有姓氏都是平等的，因此"免贵"更多的是一种礼仪的体现，跟姓氏自然也没多大关系了。说到这，你就明白了，假设你姓张，对方问你贵姓，你能不加"免"吗？

中国的姓氏千姿百态，如下面的插画所示，原来还有姓"姓"的。其实给你透露一个小秘密吧：用于姓的汉字，只有你想不到，没有用不到。

我就是姓"姓"啊！

中国汉字常用字大多可用作姓，如"毒、死、尸"等。不过这里"尸"是"尸位素餐"的"尸"，是替死人接受祭拜的人。遗憾的是，汉字简化时，将"屍"简化成"尸"。如春秋战国时期思想家、政治家、杂家代表人物尸佼，有代表作品《尸子》。

下面再撷取几个仍存在的但比较奇特的姓加以介绍。

胖姓。明朝皇帝朱由检面对岌岌可危的政权时，亲自将一部分"朱"姓改为"胖"姓，为"大明朝还有一半"之意。从此，中国便多了一个姓氏。据不完全统计，除少数民族姓名音译，全国约有3000人使用此姓，主要分布于北京、河北、吉林、黑龙江、四川以及台湾地区。

布姓。由来有十多种，其中有一说法源于步姓。据聊城市阳谷县大布乡布氏家谱记载，布氏先祖步臣（一说辰），洪武年间进士，初任陕西凤翔知府，后升湖广巡抚。燕王朱棣攻进南京后，在方孝孺被诛十族案中，因是方孝孺的门生，亦被杀害，所幸老夫人携三子星夜出逃，为防途中被查，遂改步姓为布姓。所携三子分别落户于山东阳谷、肥城、成武。三子布局呈品字形，相互照应，妙哉智也。

被误解的名人姓氏

老子不姓老——姓李

项羽不姓项——姓姬

屈原不姓屈——姓芈

周公不姓周——姓姬

鲁班不姓鲁——姓公输

孟姜女不姓孟——姓姜

康熙不姓康——姓爱新觉罗

更有尊严的病名

俗话说得好："人吃五谷杂粮，哪有不生病的。"病人需要大家的关爱，其实病的称谓也是需要大家关注的，尤其是翻译而来的病名更得小心翼翼。

"痴呆"一词是从英语单词dementia翻译过来的。2004年，日本厚生劳动省决定修改这一疾病名称。因为"痴呆"无论是对病人还是对其家属都会产生消极的影响。厚生劳动省在网站上列出6个替代病名（认知症、认知障碍、遗忘症、记忆症、记忆障碍、阿尔茨海默病）供网民选择。除了这6个备选名称，网民也可以提供自己认为更合适的名称。当年12月，日本厚生省根据网民投票结果，正式将"痴呆症"改名为"认知症"。

在中国香港，"阿尔茨海默病"称为"脑退化症"；在中国台湾，医生在诊疗中使用“失智症”一词。医学名词的变化，体现了社会的进步、人性关怀。说到底，病名更趋人性化。从小处说是关注病人的尊严，往大处讲就是关注生命的尊严，继而上升到关注每个公民的尊严、国家的尊严、全人类的尊严。

这些年，国际组织不仅将疾病命名更趋人性化，还非常关注对弱势群体的用词，如为智能低下、言语不清的神经精神障碍患者所举办的“世界特殊奥林匹克运动会”。他们还在正式文件和公开场合摒弃了“老人”（older）这一用语，代之以敬称“长者”（elder）。

如今，翻翻医学词典，触目惊心的不止“老年痴呆”一词，如“癫痫”“红斑狼疮”“易性癖”……这“癫”字、“狼”字、“癖”字，让病人备受刺激，早有医学工作者呼吁更改。中国的文字如此丰富，难道我们找不到既准确又人性化的词语来表述这些疾病吗？

心肌梗死，指冠状动脉粥样硬化引起动脉粥样斑块破裂和血栓形成、冠状动脉分支堵塞，造成部分心肌严

重缺血而坏死。原来称之为心肌梗塞（sè）。心肌梗塞，让人听起来比心肌梗死舒服多了。但是医学界坚决反对用"心肌梗塞"，《现汉》等工具书听从了医学界的意见。所以《现汉》第5版起，在"心肌梗塞"注释：心肌梗死的旧称。旧称，也就是不能再称了。但是我们到医院看望患有此类病症的朋友时，你只会说"听说你心肌梗塞了"，绝对不可能讲"听说你心肌梗死了"。有一年，笔者看到济南某医院墙壁上挂着"山东急性心肌梗塞绿色通道"牌子（见上图），我为医院点赞。试想，患者看到"死"字会作何感想呢？

2015年，世界卫生组织等机构提出了对新发现传染性疾病命名的指导原则，提倡使用中性、一般的术语代替人物、地点、动物、食物和职业的名称来命名。这是因为过去一些传染性疾病的名称曾产生一些不良后果。比如"猪流感"这个名称曾让一些国家"谈猪色变"，甚至限制猪肉贸易、下令屠宰生猪，后来世界卫生组织宣布这种疾病的正式名称为甲型H1N1流感。

总之，病毒的命名和疾病的改名是人类文明进步的体现。

避国讳而改名的那些事

国讳本仅指对皇帝的名字须避讳，与"家讳"（子孙避讳父祖之名）相对。后来涉及范围越来越广，波及皇后的名字、皇帝的字、前代年号、帝后谥号、皇帝陵名、皇帝生肖等。

古代有嫦娥奔月的神话。嫦娥本作"姮（héng）娥"，因避汉文帝刘恒名讳改为"常娥"，后类推作"嫦娥"。唐代李翱为避祖父名讳"楚金"，为文时皆以"今"为"兹"，因"金"谐音"今"。

因讳牵扯皇帝或其父祖名字，故避讳最直接、简捷、快速的办法就是改名了，这叫惹不起躲得起。《史记》等古书里，"弗"是否定词，如"弗能禁也"，就是不能禁止。汉昭帝刘弗陵登基，"弗"这个字"不能用也"，都改成了"不"。

皇帝起名，通俗讲起名时不用常见字，方便百姓避讳。如汉宣帝没当皇帝时叫刘病已，即位之后，给自己改叫询；汉平帝叫刘箕子，被迎立为帝后马上改名刘衎。

皇帝登基，改掉粗鄙的本名。汉武帝小名刘彘。彘，本指大猪，后泛指猪。初生时取名彘，是汉高祖托梦要景帝取的。汉景帝废掉太子刘荣，改立刘彘时，认为"彘"有"彻"（"通"和"聪明"）的意义，乃改名为刘彻。

明太祖，本来叫朱重八，后改名为朱兴宗，当皇帝之前又改名为朱元璋，字国瑞。

武则天叫武媚娘，当皇帝之后改名为武曌。

改年号。前朝的年号，通常是本朝君主的眼中钉肉中刺，非避不可。如宋仁宗名祯，宋人撰《新唐书》，将唐太宗年号贞观写作真观或正观。

改干支。唐高祖李渊父名昞，唐追尊为元皇帝，庙号世祖。唐人修《晋书》等八史时，凡丙字，都书作"景"，如丙辰作"景辰"，丙子作"景子"。

改姓氏。汉明帝大名刘庄，东汉人便把"庄周"改为"严周"，称"老庄之术"为"老严之术"。把《庄子》一书改称《严子》。

改人名。司马昭并未称帝，但因其被追封了晋文帝，东晋人硬把汉代的王昭君改为王明君，把汉人制作的《昭君曲》改为《明君曲》。

改官名。如唐太宗李世民登基，改民部尚书为户部尚书。为避高宗李治讳，将"治书侍御史"改称"御史中丞"。

改地名。如秦代避秦始皇父亲子楚的名，改楚为荆。荆与楚最初都是指落叶灌木，由此可以看出古人在改名时不是随着性子来的，而是最大限度地挑意思相近的字替代。由此可联想湖北"荆楚大地"的别号。

明洪武年间，为避国号讳，朱元璋采纳鄞县读书人的建议，取"海定则波宁"之义，将明州府改称宁波府。宁波之名沿用至今。

日照市东港区南部有一个涛雒镇，是诺贝尔奖获得者、美籍物理学家丁肇中的故乡。涛雒靠近大海，很久以前涨潮时海水直逼村前，船可入内，潮退则流水洛洛（水流不息）。古时，"雒"通"洛"，明代却把大众易认好写的"洛"改为"雒"。原来，在天启年间，根据礼部的奏请，为了避明光宗朱常洛之讳。这属于同音替代。同理，河南洛阳、陕西商洛、广西洛容依次改为雒阳、商雒、雒容。不过，雒阳、商雒最终经千年风霜还是"实至名归"为洛阳、商洛，而日照市涛雒镇仍然涛声依旧。

改节气名。惊蛰原称启蛰，因避汉景帝刘启的名讳，便改为惊蛰。说实在的，惊蛰远比启蛰更有诗情画意，可谓一改传百世。

改书名。如晋朝简文帝母名春，所以《晋书·后妃传》中凡引《春秋》全写成《阳秋》。也因讳春字，"皮里春秋"（藏在心里不说出来的言论）改作"皮里阳秋"。如今你冷不丁地说起"皮里春秋"，会让人联想到"春捂秋冻"。

改称谓。汉光武帝刘秀在位时，秀才一度被改为茂才。宋仁宗赵祯时，将"蒸"字改为"炊"字，朝廷上下皆呼蒸饼（类似馒头、烧饼，无馅）为炊饼。如今"蒸"走入寻常百姓家，预示蒸蒸日上，而"炊"则在书面语言中炊烟袅袅。类似情况还有，袁世凯改元洪宪时，得知北京人吃"元宵"，音同"袁消"，便改称汤圆。

称呼不对没人应

从前人们写信的时候，熟人之间往往不署名，最后写个"知名不具"。有点意思吧？不过放在唐宋时期，"不具"这个词不能乱用，只能是长辈对晚辈说，或上级对下级讲。位卑者对位尊者，要用"知名不备"。同辈朋友之间，只能写"知名不宣"。

我们从古装电影电视剧中，经常听到"老爷"与"大人"。认真起来，"大人"在明朝以前是不受待见的，因为当时官场要称"老爷"。不过，也不是一概而论。外任司、道以上的官员，称"老爷"；相对低级别的官员，要称为"爷"。乡绅、地主之类，一般被唤作"老爹"。有趣的是，如果当爹的已经升为"老爷"，那他的儿子无论官做到多大，别人只能叫他"大爷"。

　　"大人"在清代早期还一度不被接受。传闻某孩童称呼县令为"大人"，惹得县令满脸不高兴："'大人'这个叫法打哪儿来的？你给我从书里找出一百个'大人'来。"孩童聪明，张嘴就答："孔门七十二贤人加云台二十八将，一共一百个。"一句话把县令给说乐了。

　　在古代，男青年被分成两种：学习成绩优异的、家里有背景或靠山的文艺男青年，会被称为"秀"，如张三秀、李五秀，这个"秀"字一度成了男孩名字中的常用字；普通的男青年，就叫作"郎"，如王二郎、吴四郎。慢慢地，"秀"这个称呼，也延伸到女子之中。北宋建安有女子写了本书叫《闺秀集》，从此有文化的女孩子被叫作"闺秀"。"大家闺秀"也应运而生。再后来，女性基本上抢走了这个"秀"字，男性就不怎么用了。

　　"同学"出现在明末。古时上学，一个老师教的，叫同门；同科被录取的人互称同年。黄遵宪的诗《赠梁任父同年》中，"父"通"甫"，是中国古代对男子的美称。梁任父即梁启超（梁启超号任公）。后来黄宗羲在一首诗的注解里写道："同学之称，余与沈眉生、陆文虎始也。""同学"顺口顺眼顺心，很快就被大家用开了。

年号、尊号、谥号、庙号，
你能分清吗？

　　年号、尊号、谥号、庙号，在古籍中频频现身。现将四者的来龙去脉略加以考述辨析。

　　年号，是中国历代帝王用以纪年的名号。按惯例，新君即位大多会颁行新年号，称为改元。年号蕴含着帝王君临天下、宣示正统的特殊意义。

　　汉武帝以前，无年号之名目。史书便以帝王的年次纪年，计时则与帝号合称。如周宣王

第
一
篇
　
有
故
事
的
名
字

元年、二年、三年，一直延至帝位更选为止。嗣王即位或改朝换代新帝登基，则改用嗣王或新帝年次纪年，再称元年、二年、三年等。

第一个年号，有"元狩说"：公元前122年，武帝率众狩猎，获稀有一角兽白麒麟一只。众臣一致认为这是吉祥之物，值得纪念，便向武帝建议立号改元，于是便立年号为"元狩"。前面三年号（建元、元光、元朔）是追建的。

帝王年号于选词择字十分考究，须经重臣集议、反复筛选，要求字意吉祥、词义隽永，多用"天、大、太、应、元、中、永"等字开头。由于择字范围狭窄，历代年号重复使用现象屡见不鲜，如"建兴"。

明清两代的皇帝基本不改元，因此常用年号来称谓皇帝，例如明世宗被称为嘉靖皇帝，清高宗被称为乾隆皇帝等。

辛亥鼎革，民国肇基，定以国号即中华民国。后袁世凯建立"中华帝国"，改元"洪宪"，但不久便被废止。

中华人民共和国成立后，采用公元纪年，年号便成为历史。

年号发源于中国，后传至邻国，日本、越南、朝鲜皆曾各自使用过自己的年号。日本至今仍实行君主立宪制度，又受中国历史影响，故成为世界上唯一仍用年号纪年的国家。

日本选择年号极为郑重，多取自《易经》《尚书》《史记》等汉文经典。如"明治"取自中国《易经·说卦》中"圣人南面而听天下，向明而治"。

庙号是皇帝于太庙中立室奉祀时特起的名号，源于重视祭祀与敬拜的商朝。周王朝废除了庙号制度，而汉朝建立之后又重新启用了庙号，例如刘邦是开国君主，庙号为太祖。

庙号最初非常严格，按照"祖有功而宗有德"的标准，开国皇帝一般被称为"太祖"或"高祖"，如汉高祖、唐高祖、宋太祖；后面的皇帝一般被称为"宗"，如唐太宗、宋太宗等。但是也有例外。

隋以前并不是所有君王都有庙号，也就是说不是所有皇帝死后都能被供奉在太庙之中。也有的君主死后会有多个庙号。到了魏晋南北朝时期，大多数皇帝都有庙号。

在称呼时，庙号常常被放在谥号之前，同谥号一道构成已死帝王的全号。习惯上，唐朝以前对崩逝的皇帝一般简称谥号，如汉武帝、隋炀帝，而不称庙号。唐朝以后，由于谥号的文字加长，则改称庙号，如唐太宗、宋太祖等。

谥号，为古代君主、诸侯、大夫等具有一定地位的人死去之后，根据他们的生平事迹与品德修养，评定褒贬，而给予一个蕴含善意评价、带有评判性质的称号。根据对西周时期青铜器铭文的研究，迟至周穆王前后，给地位较高或有身份的死者加谥号的做法已比较多。古代称呼大臣、学者名流的"谥号"也是一种尊称。有些人的谥号由于经常被后人称呼，几乎成为他们的别名，如曾文正（曾国藩）、岳武穆（岳飞）、陶靖节（陶渊明）等。

谥法初起时，只有"美谥""平谥"，没有"恶谥"。善、恶"谥号"则源自西周共和行政以后。另外还有"私谥"。谥号的选定根据谥法，谥法规定了一些具有固定含义的字，供确定谥号时选择。

私谥，这是古时人死后由其亲属、朋友、门生为之议定的谥号。

先秦时的谥号以用一个字为常，也有用两三个字的。用一个字的如：秦穆公、晋文公。

秦始皇统一中国后，议定以"皇帝"作为最高统治者的称号，同时因"谥号"的定夺形成了"子议父、臣议君"的局面，故而废除谥法。嬴政自称为始皇帝，后世则以数计，如二世、三世等。

汉代恢复谥法，而且这一时期谥法制度也日趋严格。朝廷中正式设立"大鸿胪"一职，管理王公列侯的谥法。汉代时，谥号大多为两个字：汉文帝刘恒谥号孝文皇帝。

尊号，乃为尊崇帝后所上的称号。

时至唐代，为帝后上尊号之风大盛，有生前奉上者，亦有死后追加者。而生前加尊号一般加于在位之时，如武太后称圣母神皇，高宗称天皇，中宗称应天神龙皇帝等。

死后加号者，如玄宗死后，尊号为"开元圣文神武皇帝"。

唐宋以后，历经元、明而至清代，帝后尊号愈加愈长。这与中央集权制度及皇权日益膨胀息息相关，大有将世间美好字眼尽收囊中之态势。今人每每观之，常忍俊不禁。

第二篇

趣谈朝代名、国名和地名

中国历史朝代名称由来

夏：据传禹本为夏后氏部落领袖，故用以称其政权为"夏"。另据历史学家范文澜先生说，禹的儿子启西迁到大夏（今山西南部汾浍一带）后，才称"夏"。姒少康在纶城（今河南商丘虞城西）恢复夏朝的统治，史称"少康中兴"。

夏，象形字，甲骨文 𤢖 ，本似一位手持斧钺的武士。金文 𤢖 演变为一个头、身、手、足俱全的高大人形。隶定后楷书写作夏（现在还能看到头顶、眼睛、足的轮廓，古人造字以点代面由此可见）。本义就是威猛的壮士。夏朝取"夏"，应与夏字本义有关。

夏，也指十六国之一的大夏，匈奴族赫连勃勃所建。也指公元1038至1227年党项族李元昊所建的西夏，建都兴庆（今宁夏银川）。夏部落在当时文明程度最高，故用以表示大、高。大则盛，故又以表示夏季。

商：相传商族的始祖契曾帮助禹治水有功而受封于商（今河南商丘一带），以后就以"商"来称其部落（或部族）。汤灭夏后，就以"商"作为国名，定都亳（今河南商丘一带）。后几经搬迁，最后盘庚从奄（大致在今山东曲阜）迁至殷（今河南安阳）后，又以"殷"或"殷商"并称。商灭，安阳自然就有了"殷墟"之名。

商，象形字，甲骨文 似古代一种双柱、大腹、三足酒器形（商朝饮酒之风盛行）。几经演变，隶定后楷书写作商，是"觞"的象形本字。由酒器引申出量度义，后引申出商业。据说，商朝人特别擅长做买卖，"商人"由此而来。买卖就有讨价还价，就有了商量、商榷等。

周：周人到古公亶父时，迁居于周原（今陕西岐山）。武王灭殷以后，就以"周"为朝代名。周前期建都于镐（hào，今陕西西安西南），后来平王东迁洛邑（今河南洛阳），因在镐的东方，就有"西周"和"东周"的称号。公元前1046至前771年，史称西周；公元前770至前256年，史称东周。东周又分春秋（前770—前476）、战国（前475—前221）两个时期。

另外，周还指几个朝代。

557—581年，北朝之一，鲜卑人宇文觉所建，建都长安（今陕西西安一带），国号周，史称北周。

690—705年，唐代武则天称帝，国号周。

951—960年，五代之一，郭威所建，建都汴（今河南开封），国号周，史称后周。

古人为何对"周"情有独钟，可能与"周"字本义有关。

周，象形字。甲骨文 好似钟体上雕满乳突形，表示雕刻细密之义。金文 在甲骨文基础上加了口。小篆 整齐化。隶定后楷书写作周。由本义引申出周密、细致等义来。注意，"周"字里面是"土"，非"士"。

秦：据《史记》记载，本为古部落，其首领非子为周孝王养马有成绩，被赐予一小块土地，在今甘肃省天水市附近。后来秦襄公因护送周平王东迁有功被封为诸侯。之后，秦始皇统一六国，始建秦朝。

公元前221年，秦统一六国之后，嬴政认为自己"德兼三皇，功过五帝"，遂采用三皇（有多种说法，其中有燧人、伏羲、神农）之"皇"、五帝（黄帝、颛顼、帝喾、尧、舜）之"帝"构成"皇帝"的称号，是中国历史上第一个使用"皇帝"称号的君主，所以自称"始皇帝"。这里要注意：黄帝与皇帝别整混了。比如，仓颉是"黄帝"的史官，而不是

"皇帝"身边的工作人员。

秦始皇嬴姓先祖少昊获赐封地嬴，在今天山东莱芜。2013年，国务院公布"嬴城遗址"为第七批全国重点文物保护单位。

秦，会意字。甲骨文 上从廾（双手）持杵，下为禾麦，整字会春捣收获禾麦之意。禾麦，古代关中之地盛产禾麦，故称其地为秦。金文 ，小篆 。隶定后楷书写作秦。本义为收禾春捣脱粒，进行深加工。后成为周代诸侯国名，后为"战国七雄"之一。由于秦朝地位显赫、影响深远，古印度、欧洲等国称中国为China、Thin等，或以为皆是"秦"的对应的音。

"战国七雄"之一的齐国，国都位于今山东临淄。齐，象形字。甲骨文 好似禾麦吐穗整齐一致。金文 又画出了地面或田地。小篆 整齐化。隶定后楷书写作齊。今简化为齐。本义禾麦吐穗时平整。有专家认为，齐国禾麦应该是从西域传来的小麦，与秦国禾麦并非同一品种。

汉：公元前206年，刘邦一举推翻了秦王朝，本当称王于关中，却被强大的项羽军事集团封为汉王。刘邦心中大为不服，欲与项羽拼了，但被稳健而明智的萧何以"天汉"之美称劝说接受封号。

古人有一个习惯，那就是地上有的事物，要到天上去找，形成一一对应关系；反之也是如此。地上有汉江，与天上银河就成了绝配。银河由大量恒星构成，古亦称天河，又名河汉、星河、天汉、云汉、银汉等。其中的"汉"就是取自汉江的汉。

后刘邦击败项羽，统一中国，国号就选了令他耻辱不堪，又奋起发家的汉中，于是朝代称"汉"。汉朝前期都城长安，后期都城洛阳，故从都城上有"西汉"和"东汉"，从时间上有"前汉"和"后汉"之分。从刘邦开始到这之后的中国历史，一共有九个正统朝代是刘姓皇帝建立的。从刘邦之后除了刘裕（自称是刘邦之弟楚元王刘交的后人，立国用国号"宋"），刘姓只要建国都喜欢用汉作为国号，似乎对刘姓皇帝第一人刘邦跟他的大汉朝推崇备至有关。

再说说王莽所创的朝代（国号）"新"的含义：新的本义是改旧、更新。西汉后期在天人感应的五德终始学说支配下，社会政治涌动着一种新德代替旧德的思潮。在这样的背景下，王莽以新德的代言人自居，"革汉而立新、废刘而兴王"，并最终完成"再受命"的代汉过程。公元23年，新朝在农民起义军的打击下崩溃。

"汉"金文。左边是水，右边中间是一个被双手反绑的人，右边下部是熊熊烈火，右边上部像朝天呼喊的嘴。据专家分析，这可能是古时候用活人求雨的定格（汉与旱同音，也不是无缘无故的）。

汉的繁体字"漢"，与之对应是"難"（难）。这两个繁体字都带有"堇"，被火炙烤自然就是一场艰难、磨难、灾难。新中国汉字简化时，将"堇"简化为"又"，虽然笔画省了，写起来容易了些，但内涵也减了不少，从字形上理解"汉"显得困难了许多。

魏：汉献帝曾封曹操为"魏公""魏王"。公元220年，曹丕废除汉献帝，自立为帝，国号称"魏"。以皇室姓曹，历史上又称"曹魏"。曹操谥号魏武帝。

魏，古国名，西周时分封的诸侯国。

公元386至534年，北朝之一的后魏，也叫北魏，鲜卑族的拓跋珪所建，后分裂为东魏、西魏。

魏，形声字。《说文解字》中无。今篆从鬼（畏字讹变，义高大）从委（表声），整字为高大的样子。后来，魏被借作古国名、姓，魏字本义只好另造巍来表示。

蜀（汉）：刘备建立的政权叫"汉"，不叫"蜀"，他自认是中山靖王刘胜的后人，自称是汉政权的延续，但是史学界并不认同。

公元221至263年，刘备称帝，国号汉。史称"蜀"或"蜀汉"。

公元907至925年，十国之一，王建所建，建都成都，国号蜀，史称前蜀。

公元934至965年，十国之一，孟知祥所建，国号蜀，史称后蜀。

陈寿的《三国志》为什么称"汉"为"蜀"？"蜀"原先代表着一个古老的民族，这个民族当初分布在今天的四川西部一带。后来这一地区出现了一个古老的国家，那就是古蜀国。古蜀国年代非常久远，留下的历史记载并不多。古蜀国被北方的秦国所灭，后来秦国消灭六国，统一天下，在今天四川地区设立蜀郡，至此人们就经常用蜀字来代表四川、重庆一带。

蜀，象形字。甲骨文 好似突出了头部（目）的蚕蠕动形。金文 在甲骨文基础上加一虫形。小篆 。隶定后楷书写作蜀。本义为蚕。大概川西之地古代多养蚕缫丝，其首领叫蚕丛，称为蜀王，故地在今成都一带。后用作古族名、古国名。由于蜀被借用为族名、国名，本义蚕只能另加义符虫写作"蠋"。

蜀上面横目"罒"与四川的"四"冥冥之中有着丝丝相连。你说呢？

吴：孙权活动于长江下游一带，历史上曾建吴国。曹魏曾封孙权为"吴王"，故吴国史称"孙吴"；又以地位在东，也称"东吴"。

晋：司马昭逼魏帝曹奂封他为"晋公"，灭蜀后进爵为晋王。司马昭的儿子司马炎继承他的爵位，逼令魏帝退位，自立为皇帝，国号"晋"。你可知，"司马昭之心路人皆知"。

晋也是春秋诸侯国的国名。周成王封其弟叔虞于唐，叫唐叔虞。叔虞儿子名燮父，徙居于晋水旁，遂改国号为晋，后被韩、赵、魏三家瓜分。

公元265至317年，司马炎建立晋朝，建都洛阳，史称西晋。

公元317至420年，司马睿重建晋朝，建都建康（今江苏南京），史称东晋。

公元936至947年，石敬瑭在汴（今河南开封）建都，国号晋，史称后晋。

晋，会意字。甲骨文 𣐽 是两支箭插入盛矢器中。金文 𣐽、小篆 𣐽。隶定后楷书写作簪。简作晉，俗作晋。本义为把箭插入矢器中。由进引申指向前向上，这就有了晋升、晋级等义。由于晋被借义所用，古人在前进之义便另造"進"来表示，今"進"简化为"进"。晋与进互通，携手并进，如晋见、晋谒、晋级、晋升中"晋"也可写作"进"。但是现在人们用"晋"，大概出于趋雅避俗之心理。

隋：隋文帝杨坚之父杨忠是西魏十二府兵大将军之一，曾被封为"随国公"（封地随，今湖北随州）。公元581至618年，杨坚建都大兴（今陕西西安），国号隋。本作"随"，隋文帝当初做北周丞相时袭封随国公，居随地。他建国后，因鉴于周、齐奔走不宁，便将"随"去掉'辶'改为"隋"。然而隋朝国运并没因此而改变，三代而亡。

隋，会意字。甲骨文 𣐽 好似祭祀人揪碎祭品抛在祭台进行祭奠。小篆 𣐽、𣐽，从阜。右上从手，右中从工，右下从肉（月）。隶定后楷书分别写作墮（堕）与隋。今二字表义有分工。隋由本义引申为坠落，垂下，懒惰。又表示毁坏。后来专用作朝代名、姓氏，读suí。另用"墜（坠）"（zhuì）来表示坠落；另用"隳"（huī）表示毁坏。由此可以看出"隋"并非隋文帝所造，而是他赋予了"隋"的另外用法和含义，让其在以后成了专用字。

唐：唐高祖李渊之祖父李虎是西魏八大柱国之一，北周建立后被追封为"唐国公"（封地唐），爵位传至李昞，又传至李渊。晋阳起兵攻克京师后拥立隋炀帝之孙代王杨侑为帝，李渊被封"大丞相""唐王"。公元618年，废杨侑，在长安（今陕西西安）称帝，改国号唐。公元907年被后梁朱温所灭。盛唐时，外国称中国为唐。如今，海外华人聚居处常有"唐人街"。

公元923至936年，李存勖（xù）建都洛阳，国号唐，史称后唐。

唐，会意字。甲骨文 从口（说话）从庚（钟铃类乐器），表示说话像钟铃一样响亮，会说大话之意。小篆铃体讹变为两只手。隶变后楷书写作唐。本义说话虚夸，不着边际。因钟铃其舌乱撞，于是就引申出冲撞，如唐突。继而引申出荒唐。

辽：辽原称"契丹"。契丹是族名，改"辽"是因居于辽河上游。还有一说为"天辽地宁"。

公元907年，由契丹人耶律阿保机所建。公元1125年为金所灭。

辽，形声字。小篆 ![字] 从辵（辶）从尞（表声）。隶定后楷书写作遼。今简化为辽。本义为遥远。用作水名，即辽河，也叫辽水。辽现在主要用于辽河、辽宁省。

宋：陈桥兵变，黄袍加身时，赵匡胤为宋州（今河南商丘）归德节度使。宋州成为龙兴之地，故国号曰"宋"。

周代诸侯国名。周武王灭商后，封商王纣之子武庚于商旧都（今河南商丘）。成王时，武庚叛乱被杀，又封微子启，建立宋国。公元前286年，宋国被齐灭。

公元420至479年，南朝第一王朝刘宋，刘裕所建，建都建康（今江苏南京）。后为南齐所灭。

公元960，赵匡胤建都汴京（今河南开封），到公元1127年金兵攻入，史称北宋。从建炎元年（1127）赵构在河南商丘南称帝起，到公元1279年，史称南宋。

宋，会意字。甲骨文 ![字] 从宀（屋）从木，表示屋内有木制家具。金文 ![字]，小篆 ![字]。隶定后楷书写作宋。也有说宋字本义为家周边有树木护拥。

金：公元1115年，女真族完颜部领袖阿骨打创建，建都会宁（今黑龙江阿城区南）。公元1234年，在蒙古和南宋联合进攻下灭亡。

金，象形兼会意兼形声字。金文 ![金文], 左边像两块铜饼，右边上为矢下为斧，会可制作箭和斧的金属之意。小篆 ![金] 讹为土中有金块，从今表声。隶变后楷书写作金。本义当为铜。后通称各种金属，再后又特指黄金。

元：公元1206年，成吉思汗建立蒙古汗国。公元1271年，忽必烈定国号为元。其后攻灭南宋，统一中国，建都大都（今北京）。公元1368年，朱元璋军攻入大都，推翻元朝统治。据《元史》记载："元"的命名，是元世祖忽必烈定的，取《易经》"大哉乾元"中的"元"，有大、首等意思。朱元璋与元朝，"元元相克"，他担心元朝卷土重来，故将"元来"改为"原来"。

元，指事字。甲骨文 ![甲骨文] 从兀（削去头发），又用短横指明头的部位，以表示人头之意。金文 ![金文]，小篆 ![小篆]。隶定后楷书写作元。本义为人头。

明：公元1368年，朱元璋（明太祖）称帝，建都南京。国号"明"，亦称"朱明"。后明成祖迁都北京。公元1644年，李自成农民军攻破北京，明朝被推翻。

明，会意字。甲骨文 ![甲骨文] 从日月普照，也有甲骨文 ![甲骨文]

从窗户从月亮，都会光明、明亮之意。金文 ，小篆 。隶定后楷书写作朙与明。"朙"的隶书异体字是"明"，今规范用明。参见《别了，别字先生》第24—25页。

清：满族是女真族的一支。女真族在北宋时建立金国。明末女真势力复强，重建金国（后金）。后金为了向外扩展，清太宗皇太极把"女真"改为"满洲"，把"金"改为"清"。

1911年资产阶级领导的辛亥革命推翻了清王朝。

清，会意兼形声字。小篆从水从青（青色，兼表声），本义水清澈透明，无杂质。

"中国"名称由来

大型纪录片《何以中国》用历史长镜头记录了中国百年考古的丰硕成果。考古发现，目前已有多件用文字记录"中国"一词的文物。

据专家考证，《史记》记录的"中国"可追溯到四千多年前的尧舜时代。

也有专家论证，先秦时代由于交通闭塞，人们只能看到东方有大海，推论南、西、北方也应该有大海。四海环抱的陆地居中，所以叫"中国"，并把中国叫作海内，除此之外称之为海外。有"海内存知己，天涯若比邻"为证。

我们从"中国"两个字的演变轨迹来探寻一番吧。

"中"字甲骨文 ，象形字，上下为斿，方框为立中之处。古人有重要事项，先将带有族徽的旗帜立于部落中央显

著位置，起到警示、召唤作用。渐渐引申出"中央""中间"等义。几经演变，成为"中"字，一目了然。中国邮政标志主图案取自甲骨文"中"。中国邮政徽标图案是用"中"字与邮政网络的翅膀造型（见右上图），使人联想起中国古代的"鸿雁传书"，表达了服务于千家万户的邮政行业的宗旨，以及快捷、准确、安全、无处不达的企业形象。

中国邮政徽标标志造型朴实有力，以横与竖的平行线构成，代表秩序与四通八达；稍微向右倾斜的处理，表现了方向与速度感。

"国"字甲骨文，会意字。甲骨文从戈从口（城池），会人以戈守卫城池之意。金文，加了两条横线，表界线；有的金文另在外面加个框，强调国土界线。繁体为國，今简化为国。

由"中""国"两字演变，可以看出，"中"为方位，"国"指领土。综合起来看，"中国"乃中央之田土也。

"惠此中国，以绥四方。"《诗经·民劳》是较早记载"中国"二字的文献，但西周青铜器"何尊"上铭刻的中国，比

《诗经》还要早。这是"中国"二字作为词组首次在器物上出现，说明商末周初时已有"中国"的概念，是早期"中国"概念形成和发展过程中的关键节点（见下右图）。

1982年12月25日，我国发行《西周青铜器》特种邮票，全套8枚，其中第1枚为"何尊"（见下左图）。该套邮票采用影雕套印，非常精美。

国家文物局印发的《首批禁止出国（境）展览文物目录》规定64件（组）国宝永久不准出国展出。上面提到的何尊是其中一件，还有一件具有特殊意义的文物就是"五星出东方利中国"织锦护臂。

1995年，考古人员在新疆民丰县尼雅遗址发现了一件色彩绚丽的织锦护臂，织锦上蓝、绿、红、黄、白五色经线与纬线，交织出星纹、云纹及灵禽瑞兽纹样，文字激扬，纹样瑰丽，意蕴神奇。花纹间有上下各8个篆体汉字："五星出东方利中国。"它被誉为20世纪中国考古伟大的发现之一（见下图）。

　　织锦文字里的"五星"，指的是金、木、水、火、土五大行星。"东方"指"中国"所对应的东方天穹位置，"中国"泛指当时汉朝管辖的地区。"五星出东方利中国"最早出现在《史记·天官书》。"五星分天之中，积于东方，中国利"是一句吉祥的占星语。当时的人们相信，每当五星会聚，照临东方，大汉就将安宁昌盛。五星"积于东方"和"五星出东方"是指五大行星在日出前同时出现于东方天空，即天文学上的"五星聚会"或"五星连珠"现象。

　　两汉是铜镜史上的巅峰时期，目前发现多面铭刻"中

国"铭文的铜镜，大多是两汉时期制造，勾勒出中国国家观念的形成过程。

中国国家博物馆珍藏着一件国宝重器——"中国大宁"瑞兽博局纹鎏金铜镜

（见上图），20世纪50年代初出土于湖南长沙伍家岭。镜背的纹饰构图内方外圆，象征着天圆地方。其间穿插青龙、白虎、朱雀、玄武四神，人面兽身纹、有翼兽等纹饰。最令人关注的是它的镜铭。铜镜铭文布于外圈，排列着52个篆体字，其中有"中国大宁，子孙益昌。黄常（裳）元吉，有纪刚（纲）"字样。专家考证认为，"中国"二字应该是指大汉王朝，镜中的"中国"已有国家概念。

"中国"一词寄托了人们对国家强盛、国泰民安的美好祝愿。17世纪末，"中国"始成为主权国家的概念。1912年后，"中国"初为中华民国的简称。1949年10月1日后，"中国"成为中华人民共和国的简称。

我国省级行政区名称浅谈

我国现行的行政区划，有23个省、5个自治区、4个直辖市、香港和澳门特别行政区，共计34个省级行政区划单位。下面依次进行简要介绍。

北京市

简称：京。

得名于明代。"京""都""京师"历来为中国国都之名称。按《公羊传》记载，"京"为大，"师"为众。明朝朱元璋建京师于南京，后朱棣迁京师于此。因地处南京之北，故称此为"北京"。1949年9月，改北平市为北京市。1949年10月1日中华人民共和国成立，定北京市为中华人民共和国首都。

天津市

简称：津。

天津得名于明代。明建文二年（1400），燕王朱棣率兵由此渡河南下"靖难"，故赐名"天津"，寓"天子津渡"之意。

河北省

别称：冀。

唐以当时黄河以北、太行山以东地区为河北道，这是河北作为大政区名称的开始。宋代分为河北东、西二路。元代河北地区属中书省。明洪武初始建北平行省，旋改称北平布政使司。永乐初罢布政司，以其地直隶京师，又称北直隶，以别于南京的南直隶。清代始称直隶省。1928年改名为河北省，省会为北平市，后将省会迁至天津市。后又将省会迁至保定市。1968年，省会迁至石家庄市。省会石家庄，有说因"石"姓而得名，也说最初驻地为"十家庄"而得名。

山西省

别称：晋。

因地处太行山之西而得名，又称"三晋"。唐时建都长安，故称黄河以东、太行山以西为河东，设置河东道。元时建都于今北京市，故又称太行山以西为山西，设河东山西道宣慰使司。这是山西作为政区名称的开始。明初改置山西行中书省，沿袭至今。省会太原，以地处大而高的平原上而得名。

内蒙古自治区

简称：内蒙古。

蒙古原为部族名。13世纪初，成吉思汗统一大漠南北各部，建立蒙古汗国，于是"蒙古"由部落名称变为地域名称。

1947年以东北西部和原热河、察哈尔两省北部

第二篇　趣谈朝代名、国名和地名

各盟建立内蒙古自治区，"内蒙古"才正式成为政区名。这是中国最早成立的省级民族自治地方。自治区驻地称为首府，有别于各省驻地省会。首府呼和浩特，蒙古语意为"青色的城"，因北依大青山而得名。

请大家注意，内蒙古自治区不能简称"内"，也不能简称"蒙"。内蒙古自治区车牌曾经挂过"内蒙古＋数字编号"，现在挂"蒙＋数字编号"，这叫特事特办。

辽宁省

简称：辽。

辽宁以地处辽河流域而得名。清代划归盛京特别行政区，1907年改奉天将军为奉天省，取"奉天承运"之意。1929年，国民政府因清朝已被推翻，再用"奉天"不妥，乃取辽河流域永久安宁之意，改名辽宁。省会沈阳，以地处沈水之北而得名。

吉林省

简称：吉。

清康熙十二年（1673）在松花江沿岸建吉林乌喇城（今吉

林市）。"吉林乌喇"为满语，沿江之意。1907年，将吉林将军辖区改建为吉林省。省会长春，以境内盛开的长春花（野生月季花）而得名。请注意：吉林省有吉林市，但吉林市不是省会。

黑龙江省

简称：黑。

黑龙江这个名称最早见于《辽史》，据说是因为江水色黑，蜿蜒如游龙，故名。到了清末光绪三十三年（1907）撤销黑龙江将军，改置黑龙江行省。

1945年，黑龙江地区建立了黑龙江省、嫩江省、合江省、绥宁省、松江省，1949年合并为黑龙江省、松江省，1954年松江省并入黑龙江省。省会哈尔滨。

上海市

别称：沪、申。

上海以上海浦得名。黄浦，又名春申浦，源自战国时楚国春申君在此治理，所以上海别称为"申"。又因境内有沪渎，故上海别称也为"沪"。1949年上海定为中央政府直辖市。

上海车牌用"沪"。《申报》1872年4月30日在上海创刊。《申报》是中国出版历史最久的现代报纸。

注意：海派的"海"指的是上海。从广义上来讲，上海的文化被称为海派文化。海派文化的主体是根植于江南地区传统的吴越文化，并且融入了开埠以后来自西方欧美地区的各国文化，逐步形成的一种不同于中国其他地区的，属于上海的独特文化。海派文化对于中国近现代社会各个层面都产生了重要的影响。从狭义上看，"海派"是"海上画派"的简称，中国画流派之一。海上画派的前身是以董其昌为代表的松江画派。

江苏省

简称：苏。

明初定都应天府，先后称为南京、京师，明成祖迁都北京后，复称南京，大致辖今江苏、安徽、上海。清初废南京，以南京原辖区域改设江南省。1949年，设苏南行政公署、苏北行政公署及南京市3个省级行政区。1953年，3个省级行政区合并，恢复江苏省建制。江苏省取辖区内江宁府和苏州府首字得名。江宁，祈求长江安宁。今江宁为南京市辖区。省会南京。南京别名金陵，又别称"石头城"。

浙江省

简称：浙。

以境内的浙江（钱塘江）得名。浙江作为政区名始于唐代。浙江又称之江，以其多曲折，故称浙江。省会杭州，以大禹曾在此建造浮桥的余杭而得名，古时也称钱塘。杭，古也用作航，指渡船。因此地河水繁多，取杭就不言而喻了。另外，还要注意"浙"有异体字"淛"，所以我们在古籍中看到"淛江"等字眼时，不要一头雾水哦！

安徽省

别称：皖。

清朝时，以巡抚驻所安庆府（治今安庆市）和所辖徽州府（治今歙县）的首字为名。"皖"本是安庆府的别称，得名于府治系春秋皖国和皖山（今天柱山）。清建省后因省会在安庆府，遂以皖作为省的别称。省会合肥，得名有三：其一以施水（今南淝河）在此汇入淝水（今东淝河）得名；其二以"淮水与淝水合"得名；其三为淝水先一分为二，后合二为一，得名。

福建省

别称：闽。

福建古时为闽越族居地。

唐设福建节度使管辖福、建、泉、漳、汀五州。福建是因福、建二州得名的。宋为福建路，元置福建行中书省。明置福建省。省会福州，以境内福山而得名。请注意，建也指福建。如建兰（四季兰）、建漆（福建出产的一种漆）。

江西省

别称：赣。

因赣江纵贯全省，故别称"赣"。唐开元二十一年（733）分江南道为江南东、西二道，前者简称江东道，后者简称江西道，江西始为政区的名称。宋改设江南西路，简称江西路。元设江西行中书省。省会南昌，西汉时高祖令颍阴侯灌婴以此为根据地，定名南昌，寓"昌大南疆""南方昌盛"。又说以境内南昌山得名。

山东省

别称：鲁。

一说因西周封邦建国时，今山东境内曾存有齐、鲁等国。周公旦被封于鲁。另说，孔子出生于鲁国。还有一说：清末民初时期，为了适应电报通信的需要，各省推出了能代表本省特征的简称或别称。由于每月8日代字为"齐"，故选"鲁"作为山东省别称，要不然"齐电"是指某月8日来电，还是指山东省来电呢？

山东以地处太行山之东而得名。山东最初为一个地理概念，主要指崤山、华山或太行山以东的黄河流域。唐朝王维书写的《九月九日忆山东兄弟》中"山东"表达的是本意。金大定年间，"山东"始成为政区名称。清初设置山东省，沿袭至今。山东大地在春秋战国时，主要有齐国和鲁国，因而，被人们称为"齐鲁大地"。许多山东区域内名称中带有齐鲁字样，如《齐鲁晚报》、齐鲁医院、齐鲁工业大学等。省会济南，因地处古济水之南而得名。

河南省

别称：豫。

豫，大象。中原之地，原是大象生存繁衍之所，后由于气候等因素，大象外迁他乡。

河南以地处黄河下游以南而得名。唐分全国为十道，以当时黄河以南、淮水以北地区为河南道，是为河南作为大政区名称的开始。元时将黄河以南、长江以北地区合建一省，称河南江北行省。明初改划省区，河南省的辖区大致相当于今省境。1954年10月，河南省会驻地从开封市迁至郑州市。省会郑州，以古郑国得名。

湖北省

别称：鄂。

其地古为鄂州，故别称"鄂"。湖北以地处洞庭湖以北得名。春秋战国时属楚国。参见25页"改地名"。元朝时属湖广行省、河南行省。明朝时属湖广布政使司。元明两代省一级只有湖广省，道一级仍有湖南、湖北之称。清代分湖广为二省，虽袭用了宋代湖南、湖北的旧称，但不再以洞庭湖划分南北二省，而将分界线北移于洞庭湖以北，即今湖南、湖北两省界。清康熙年间设湖北布政使司，后为湖北省沿袭至今。

省会武汉，由武昌、汉口和汉阳三地组成，取其首字为名。请大家注意的是：武昌、汉阳均为武汉市下属区，但武汉没有"汉口区"。

湖南省

别称：湘。

因湘江贯穿全境，故别称"湘"。湖南以地处洞庭湖以南得名。春秋战国时属楚国。唐设湖南观察使，为湖南得名之始。宋设荆湖南路、荆湖北路，元设湖广行中书省，明属湖广布政使司。清设湖广右布政使司，后设湖南省沿袭至今。

湖南自古盛植木芙蓉，因此又有"芙蓉国"之称。"潇

湘"一词可从《山海经·中山经》查到："帝之二女居之，是常游于江渊。澧沅之风，交潇湘之渊。""潇湘"在唐代中期开始被诗人们用来代指地域，又因潇水与湘江在辖境内汇合后注入洞庭湖，后来"潇湘"逐渐成为湖南的代称。

广东省

别称：粤。

因古为南越（粤）地。粤，是雩（yú）的讹字，两字大致轮廓相近。雩本义是以乐舞降神求雨，求雨是为了谷物丰收，所以讹变之字"粤"内藏"米"是有一定道理的。

广东以宋代的广南东路得名。先秦时为百越地。因地处中原之南，北宋时期设广南东路。元朝时，分属江西和湖广行中书省。明朝设广东布政使司。清朝时为广东省。

省会广州，取自"本于广信"。广信，古代地名。广信以东为广东，广信以西为广西。

广西壮族自治区

别称：桂。

因宋元明清时治所皆在桂林。桂林因"桂树成林"得名。

广西以宋代的广南西路得名。元属湖广行中书省，后为广西行中书省。明时为广西布政使司。清时为广西省。1949年12月11日，广西全境解放。1950年2月，广西省人民政府在南宁成立。1958年3月，广西僮族自治区成立。1965年10月改广西壮族自治区至今。

首府南宁，别称邕（yōng，邕江绕城而过）。

两广为古南越地，"越"与"粤"相通。后人以"越"称浙江，故以两广称两粤，即称广东为粤东，称广西为粤西。

海南省

别称：琼。

唐宋时设琼州，明清时设琼州府。琼州因琼山得名。

海南以海南岛得名。1950年置海南行政区，属广东省。1988年析置海南省。2012年6月，国务院批准撤销西沙群岛、中沙群岛、南沙群岛办事处，设立三沙

市（地级）。

省会海口，意为海南岛最大河流南渡江入海口。

重庆市

别称：渝。

因境内有渝水（嘉陵江古称），古时为渝州。重庆以南宋的重庆府得名。南宋光宗即位前封于恭州，是为一庆；光宗于此承嗣太子大位，是为二庆，故名重庆府，寓"双重喜庆"之意。1929年设市。1950年为中央直辖市。1954年改为四川省辖市（地级）。1997年3月设为中央直辖市。

四川省

简称：川；别称：蜀。

因省境西部在春秋战国时为蜀国辖地。

四川得名于北宋。先秦时为巴国、蜀国之地，因此被称为巴蜀之地。宋咸平四年（1001）分为益州（后改称成都府）、梓州（后改称潼川府）、利州（今四川绵阳、陕西汉中部分地区）、夔州（今重庆大部及贵州部分地区）四路，合称"川峡四路"，后又简称四川路。元代起设置四川等处行中书省，形成今日四川省雏形。

省会成都，得名有两说。一说为"一年而所居成聚，二年成邑，三年成都"的典故；二说成都为古蜀语地名，意为"高原人居住的地区"。

贵州省

简称：贵；别称：黔。

省境在唐代属黔中道。"黔驴技穷"说的就是此地发生的故事。

贵州以境内的贵山得名。又说以古矩州得名。唐设矩州，当地话"贵"与"矩"音同，后改名贵州。春秋战国时，该地属楚国、夜郎国等地。"夜郎自大"典故来于此。元分属云南、四川、湖广三行中书省。明置贵州布政使司。清朝时为贵州省。

省会贵阳，以在贵山之南得名。

云南省

简称：云；别称：滇。

因昆明附近一带属于古滇国，故别称"滇"。

云南以地处彩云之南得名。云南最初只是汉代的一个县名。县治在今祥云县境。相传汉武帝时有"彩云"见于白崖（今凤仪一带），派人追踪"彩云"至此，因置县于"彩云"之南，故名云南。备此一说。三国时蜀汉置云南郡，因郡治云南县而得名。元代置云南行中书省。省府昆明，以境内昆明池得名。

西藏自治区

简称：藏。

因地处祖国西南部，为藏族同胞主要聚居地，故名西藏。唐宋时称吐蕃。元朝中央政府实现了对西藏地方的有效管辖和治理，设立总制院（后称宣政院），直接管理西藏地方事务。清康熙年间始称西藏，乾隆年间正式确定西藏为行政区名称。1951年5月23日，《中央人民政府和西藏地方政府关于和平解放西藏办法的协议》签订，宣告西藏和平解放。1965年9月，西藏自治区正式成立。首府拉萨，藏语意为佛地、圣地。

陕西省

简称：陕；别称：秦。

陕指今河南省三门峡市陕州区。周成王时将王畿千里之地（西起泾渭平原，东抵伊洛流域）以陕州为界分为东西两部分，陕州以东归周公治理，以西归召（shào）公治理。后人因称陕州以东地区为陕东，以西地区为陕西。元设陕西行中书省。清朝设陕西省。

楚汉时，项羽把原秦国关中和陕北之地分封给秦朝的三名降将，故又称三秦大地（关中分为东西两部分）。鑫，古同国，从中我们不难看出当年三秦大地的缩影。省会西安。明代改奉元路为西安府，"西安"之名由此而来。古名长安。

这里请大家注意：陕的繁体字为"陝"而非"陕"。

甘肃省

简称：甘；别称：陇。

因省境在陇山（又名六盘山）之西，旧时别称"陇西"或"陇右"。陇海铁路是西起甘肃省兰州市，东至江苏省连云港市的铁路。

甘肃以古甘州（今张掖）、肃州（今酒泉）两地首字得名。元代置甘肃行中书省，甘肃作为省名始于此。明朝时属陕西布政使司。清朝时，设甘肃布政使司。

省会兰州，以境内皋兰山得名。

青海省

简称：青。

青海以境内的青海湖得名。唐以后多以青海为正名，间或有称西海。雍正年间于西宁府置西宁办事大臣（因管辖青海地区，故习惯上又称青海办事大臣）。辛亥革命以后，撤销西宁办事大臣，改设青海办事长官。1928年国民政府改建青海省沿袭至今。

省会西宁，以古西宁州得名。西宁，取"西部安宁"之意。

宁夏回族自治区

简称：宁。

宁夏以元代宁夏路得名。十六国时，匈奴贵族赫连勃勃自称夏后氏的后裔，故而把他所建立在今河套地区的割据政权，定国号为夏。元朝时，取"夏地安宁"之意设宁夏路，始有宁夏之名。明朝设宁夏卫，清代设宁夏府。1929年成立宁夏省。1958年10月，宁夏回族自治区成立。

首府银川，以地处黄河岸边，盐碱地多，土壤多呈白色故名。

新疆维吾尔自治区

简称：新。

1884年，清政府在新疆地区建省，并取"故土新归"之意，取名"新疆"。1949年9月，新疆和平解放。1955年成立新疆维吾尔自治区。

首府乌鲁木齐。特别提醒大家注意的是：新疆维吾尔自治区不能错写作"新疆维吾尔族自治区"。另外，"维吾尔"三个字可理解为"维护你我团结"。

香港特别行政区

简称：港。

香港以古时境内产沉香并作为转运香料的集散港口而得名。又说以地处香江入海口的港湾得名。1842年，清政府与英国签订不平等的《南京条约》，清政府割让香港岛给英国。1860年，中英签订不平等的《北京条约》，清政府割让九龙半岛界限街以南地区给英国。1898年，英国强迫清政府签订《展拓香港界址专条》（俗称"新界租约"），强行租借九龙半岛界限街以北、深圳河以南的地区，以及附近岛屿，租期九十九年（至1997年6月30日结束）。中英双方经过多达二十二轮的谈判，最终在1984年12月19日正式签署了《中华人民共和国政府和大不列颠及北爱尔兰联合王国政府关于香港问题的联合声明》（简称《中英联合声明》）。1997年7月1日，中国政府对香港恢复行使主权，香港回归祖国。

澳门特别行政区

简称：澳。

以境内有天然良港（澳），南北有山对峙如门，故名澳门。另说葡萄牙人第一次到达澳门时，就是在妈阁庙附近登陆的。他们向当地人打听这里是什么地方，当地人以为他们问的是庙宇的名字，就回答说"妈阁"。由于广东话"阁"和"交"的发音相似，葡萄牙人就听成了"马交"。后来，他们就用葡萄牙语拼写成了Macao。这也是为什么澳门的英文有两种拼写方式：Macao和Macau。1887年，清朝与葡萄牙王国签订《中葡和好通商条约》，确认葡萄牙可长驻澳门管理。1987年4月13日，中葡两国政府经过四轮谈判，签订了《中华人民共和国政府和葡萄牙共和国政府关于澳门问题的联合声明》，宣布澳门地区（包括澳门半岛、氹仔岛和路环岛）是中国的领土。1999年12月20日，中国政府对澳门恢复行使主权，澳门回归祖国。

注意：澳大利亚也简称为澳，要分清语境中指代的地区。

台湾

简称：台。

明朝时称台湾。清设台湾府，隶福建省；光绪十一年（1885）改行省。台湾自古以来为中国领土。省会台北，以清代的台北府得名，台北府则以地处台湾岛北部而得名。

　　简称一般是指从名称中截取一个字或极少字的简化形式，如北京简称"京"。

　　别称，正式名称以外的名称。现在许多工具书把"简称"与"别称"融为一体了。如《辞海》第七版在"鲁"下注释：地区名。今山东泰山以南的汶、泗、沂、沭水流域，为春秋时鲁地。秦汉以后仍沿称这地区为"鲁"，近代又用为山东省的简称。但《现汉》仍坚持"鲁"为山东的别称。

　　我们在学习交流中，应该对简称、别称有所区别，但当对方把别称也作为简称时，我们可以采用包容的姿态去对待。

城市别称，别有一番风味

中国有五千多年的悠久历史，城市名称植根于广袤的土地，深藏厚重的文化。随着岁月流转、江河沉淀、山岳升降，城市在正名之外还保有大量的雅称、古称、别名。今天，就让我们一起来领略部分城市名称的别样风情。

呼和浩特——青城。呼和浩特是蒙古语，意为"青色的城"，又被称为"中国乳都"。

乌兰浩特——红城。乌兰浩特蒙古语意为"红色的城"。中国共产党领导下的第一个少数民族自治区——内蒙古自治区于1947年5月1日在这里宣告成立。

长春——北国春城。长春冬季比同纬度地区平均气温高2—3摄氏度，夏季又比同纬度地区平均气温低3—5摄氏度。无论从哈尔滨南下还是从沈阳北上都会感觉到气温的细微变化。冬日无干冷、夏日无酷热，是长春最大的气候特点，所以长春是名副其实的"北国春城"。

上海——淞沪。淞江亦称吴淞江，发源于中国太湖，东流至上海市，与黄浦江合流入海。古代称淞江的下游为"沪"，所以淞沪成为上海的别称。上海还有"申城""魔都""上海滩""东方巴黎"等别称。

南京——石头城。公元前333年，楚威王在石头山（又叫清凉山）筑城，称为"金陵邑"，这也是南京又称"金陵"的来历。

温州——鹿城。传说东晋建城时有白鹿衔花经过而得名。

福州——榕城。北宋福州知州张伯玉通令州城之内广植榕树，从此绿荫满城，所以此城又被称为"榕城"。

厦门——鹭岛。传说很久以前这里是白鹭栖息的地方。白鹭也是厦门的市鸟。

泉州——刺桐城。五代闽国在扩建子城时环城遍种刺桐树而得名；又名"温陵"，因为终年温暖湿润，地形多丘陵而得名。

济南——泉城。济南因境内泉水众多，拥有"七十二名泉"，被称为"泉城"，素有"四面荷花三面柳，一城山色半城湖"的美誉。

武汉——江城。诗人李白在《与史郎中钦听黄鹤楼上吹笛》写道："一为迁客去长沙，西望长安不见家。黄鹤楼中吹玉笛，江城五月落梅花。"故武汉自古就有"江城"的别称。长江和汉水交汇在武汉，在武汉市内分布着大小湖泊数十个，"江城"名不虚传。此外还有"九省通衢"等别称。

长沙——星城。根据古代的星宿定位，轸（zhěn）宿位于荆州上空。轸宿旁边有个附属于它的小星，名叫长沙星。长沙因此而得名，故又名"星城"。因屈原和贾谊的影响，长沙又被称为"屈贾之乡"。

广州——花城。广州地处亚热带，长夏暖冬，一年四季草绿水清、花卉常开，自古就享有"花城"的美誉。另外还有"五羊城""羊城""穗城"的美称。

南宁——绿城。得天独厚的自然条件，使得南宁满城皆绿，四季常青，有"绿城"的美誉。又称"邕城""五象城"。

成都——芙蓉城。成都别称"蓉城""天府之国"。"蓉城"一说源于"龟画芙蓉"，即初建城时，地基不稳，屡建屡塌，后来出现一神龟，引路建成此城，而神龟指引的路线就是一朵芙蓉花，"蓉城"由此而生。

昆明——春城。地处低纬度高原，天气常如二三月，花开不断四时春，故人称"春城"。

拉萨——日光城。全年多晴朗天气，降雨稀少，冬无严寒，夏无酷暑，气候宜人。此地晴天多，全年日照时间长、光照强。

兰州——金城。兰州是古丝绸之路上的重镇，西汉设立县治，取"金城汤池"之意而称金城。兰州作为西部重要的区域商贸中心和现代物流基地，享有"丝路重镇""黄河明珠""西部夏宫""水车之都""瓜果名城"等美誉。

银川——凤凰城。银川是历史悠久的塞上古城，国家历史文化名城。古称"兴庆府""宁夏城"，素有"塞上江南、鱼米之乡"的美誉。

城市别称一览

北京：蓟城、上都、大都、中都、幽州、燕都、燕京、京师、帝都、帝京、顺天府、京华、北平

天津：天津卫、津沽、津门、津城

张家口：塞上皮都

秦皇岛：天堂之城

邯郸：成语之乡

沧州：武术之乡

太原：并州、龙城

大同：煤城、煤海

包头：鹿城、草原钢城

大连：足球城

鞍山：钢都

抚顺：煤都

吉林：雾凇城

哈尔滨：冰城

齐齐哈尔：鹤城

大庆：石油城

宜兴：陶都

徐州：彭城

苏州：姑苏城

扬州：江都、广陵

杭州：钱塘、余杭

合肥：庐阳、庐州

铜陵：铜都

莆田：荔城

安溪：茶都

景德镇：瓷都

潍坊：风筝城、鸢都

青岛：岛城、胶澳、
琴岛、帆船之都

烟台：葡萄酒城

济宁：孔孟之乡

寿光：菜都、盐都

莱阳：梨城

菏泽：曹州

开封：大梁、汴梁

洛阳：洛邑、神都、
东都、九朝古都、牡
丹花城

十堰：汽车城

醴陵：瓷城

冷水江：世界锑都

深圳：鹏城

惠州：鹅城

化州：橘城

柳州：龙城

桂林：桂州、八桂

海口：椰城

重庆：山城、雾都、
桥都

自贡：千年盐都

泸州：酒城

个旧：锡都

大理：风城

西安：镐京、长安

吐鲁番：火洲

香港：东方之珠

地名更改的那些事

中华人民共和国成立后，曾有过四次大范围改地名的浪潮。

第一次改名潮，取消了一批被认为带有民族优越感的地名。

1951年，政务院下发文件，要求清理"带有歧视或侮辱少数民族性质"的地名。随后，相当数量被认为具有华夏文化优越感的地名被取消，如归绥更名为呼和浩特、迪化更名为乌鲁木齐、懋功县更名为小金县、镇南关更名为睦南关（1965年改名为友谊关至今）。基本上，地名凡含有"绥""化""平""镇""宣"这类彰显中央王朝、汉族政权影响力所及之字眼者，都被更改了。当然，更名也有失败的案例，如当年云南宣威县被更名为榕峰县。后因"榕峰火腿"

品牌的海外知名度不高，对产品的海外出口不利，经国务院批准，"榕峰"又改回了"宣威"，早已名扬海内外的"宣威火腿"再次走向世界。

此次改名，还清除了一些带有殖民主义色彩的地名，如额菲尔士峰更名为珠穆朗玛峰。

第二次改名潮，受到了《汉字简化方案》影响。

1956年，《汉字简化方案》出台，大批地名随之更改。有些地名的更改并未考虑历史、文化传承方面的问题，从而出现很多令人啼笑皆非的现象。如瑷珲被更名为爱辉，割断了与1858年《瑷珲条约》等重要历史事件之间的联系，后来，爱辉镇改回瑷珲镇，但爱辉区依然不改，于是就出现了黑龙江省黑河市爱辉区瑷珲镇。

第三次改名潮，张自忠路被改成工农兵东大街、赵登禹路被改成中华路，佟麟阁路被改成四新路。济南大观园改为东方红。"文化大革命"结束后，绝大多数又恢复原名。

第四次改名潮在20世纪七八十年代。第一次全国地名普查结束后，各地纷纷成立了地名委员会。这一次的动机是发展经济，所以更名者以城市居多。

县改县级市，县级市改区，有的县越级升区。这场改名成功案例有：云南中甸县更名为香格里拉；云南思茅市更名为普洱市，当地名声和普洱茶的销售都随之有大幅提升。

第二次汉字简化引发的改名浪潮

第二次汉字简化方案中的简化字俗称二简字。该方案是由中国文字改革委员会继《汉字简化方案》通过后，20世纪50年代开始酝酿，1977年12月20日正式公布的汉字简化方案。但该方案有违背汉字造字规律等原因，颁发不久就停止使用。

二简字出台不久，全国很多带有二简字的地名纷纷改名。比如，福建省改为福迠省，内蒙古自治区改为内苎古自治区，宁夏回族自治区石嘴山市改为石咀山市，新疆维吾尔自治区改名为新疆维吾尔自治区。从下图的粮票、邮票中就能看见二简字的身影。

　　这里还要说一下，其实，宁夏回族自治区石嘴山市地名挺有说头的。

　　石嘴山，原名石嘴子，因贺兰山与黄河交汇处"山石突出如嘴"而得名。1960年国务院批复设市时以石嘴山为市名。二次汉字简化时，又改为石咀山。1981年后正式确立石嘴山市。至今，在内蒙古、宁夏、陕西等地，地名中仍有"咀"，如陕西省宝鸡市太白县咀头镇。

　　需要注意的是，香港尖沙咀不得写为"尖沙嘴"。

特殊命名的城市

自2022年5月1日起施行的《地名管理条例》第九条第四款规定："一般不以人名作地名，不以国家领导人的名字作地名。"第五款规定："不以外国人名、地名作地名。"

自古以来，中国不少地名是以人物名字来命名的，有些是上古传说中的人物，有些是历史上有重要影响的人物名字。例如，中国很多城市都有的"中山路""中山公园"就是以孙中山先生的名字命名的。下面将以人名命名的城市简要介绍如下。

河北省南宫市。南宫市隶属于河北省邢台市。"西周八士"之一的南宫适（kuò）封侯于此而得名。

河北省黄骅（huá）市。河北省辖县级市黄骅市，由沧州市代管。纪念1943年牺牲于此的冀鲁边军区副司令员黄骅而得名。

河北省秦皇岛市，简称"秦"。公元前215年，秦始皇东巡碣石，刻《碣石门辞》，并派燕人卢生入海求仙，曾驻跸于此，因而得名秦皇岛。

河北省任丘市，因西汉巡海使中郎将任丘在此筑城而得名。

山西省左权县，原名辽县。八路军副总参谋长左权将军1942年牺牲于此。山西人民为纪念左权将军，遂更县名为左权县。

吉林省靖宇县，原名濛江县。为纪念著名抗日将领、革命烈士杨靖宇而改名为靖宇县。

黑龙江省尚志市。为纪念抗日英雄赵尚志和他所领导的抗日将士在珠河县的丰功伟绩，1946年，珠河县改为尚志县。后撤销尚志县，设置尚志市。

安徽省禹会区，古为涂山氏国，作为大禹会诸侯的地望所在，是大禹文化的重要发源地之一。1949年1月，蚌埠解放，当年7月，设蚌埠市西市区。2004年，西市区更名为禹会区。

山东省微山县，隶属济宁市。微山县以微山湖得名，微山湖以微山得名，微山以微子得名。微子名启，是殷纣王的庶兄，原封地于微，故称他为"微子"。现微山岛主峰顶上有微子墓。

河南省禹州市，隶属许昌市。这里是夏朝的建都地、中国"五大名瓷"之钧瓷的著名产地，同时也是明清时期全国四大中药材集散地之一，素有"夏都""钧都""药都"之称，因大禹而得名。

河南省清丰县，隶属濮阳市。因隋朝境内出大孝子张清丰，唐大历年间，钦定更名为清丰县。

湖南省炎陵县，隶属于株洲市。炎陵是炎帝神农氏的安寝福地，曾是炎帝神农氏尝百草的地方。

广东省茂名市。潘茂名是岭南道教的先驱，云游四方，遍尝百草，悬壶济世，炼制丹药，救活众多百姓，深受粤西人民敬仰。茂名地名因之而来。

四川省武侯区，隶属成都市。名称源于区内著名的武侯祠。武侯祠是为了纪念三国时期蜀汉丞相诸葛亮而建的祠堂。诸葛亮生前被封为武乡侯，死后被追谥为忠武侯，因此人们尊称他为诸葛武侯。

除县级以上地名中存有名人姓名元素，其实还有一大批街道、乡镇名称中蕴藏着历史文化名人或革命先烈。下面我们列举几处如下。

北京市东城区张自忠路、武汉张自忠路、上海自忠路、天津张自忠路——纪念著名抗日将领、革命烈士张自忠；

北京市西城区赵登禹路、通州区赵登禹大街——纪念著名抗日将领、革命烈士赵登禹；

北京市西城区佟麟阁路——纪念著名抗日将领、革命烈士佟麟阁；

河北省张家口市怀来县存瑞镇——纪念著名战斗英雄董存瑞烈士；

山西省吕梁市文水县刘胡兰镇——纪念革命烈士刘胡兰；

江苏省无锡市江阴市徐霞客镇——纪念明代地理学家、旅行家、探险家、文学家徐霞客；

江苏省泰州市泰兴市根思乡——纪念抗美援朝烈士杨根思；

安徽省合肥市肥西县延乔路——纪念革命烈士陈延年、陈乔年；

安徽省合肥市肥西县铭传乡——纪念清朝末期淮军重要将领、台湾首任巡抚刘铭传；

江西省赣州市瑞金市泽覃乡——纪念革命烈士毛泽覃；

山东省青岛市即墨区田横镇——纪念秦末齐王田横及五百义士留居此地；

山东省滨州市惠民县孙武街道——纪念"兵圣"孙武；

河南省信阳市商城县赵崇德大道——纪念抗日英烈赵崇德；

湖北省武汉市江岸区陈怀民路——纪念战斗机飞行员、抗日英烈陈怀民；

湖南省长沙市长沙县开慧镇——纪念革命烈士杨开慧；

湖南省长沙市长沙县黄兴镇——纪念辛亥革命领导人黄兴；

湖南省长沙市望城区雷锋街道——纪念解放军的好战士雷锋；

湖南省株洲市醴陵市左权镇——纪念著名抗日将领左权；

广东省广州市越秀区先烈路——纪念辛亥革命时期黄花岗七十二烈士；

重庆市铜梁区少云镇——纪念抗美援朝烈士邱少云；

四川省德阳市中江县继光镇——纪念抗美援朝烈士黄继光。

带颜色的地名，你能说出几个？

一、赤

河北省张家口市赤城县；

内蒙古自治区赤峰市；

湖北省咸宁市赤壁市；

贵州省遵义市赤水市。

二、橙

甘肃省武威市民勤县橙槽村；

安徽省安庆市宿松县橙莲村。

三、黄

河北省沧州市黄骅市；

上海市黄浦区；

浙江省台州市黄岩区；

安徽省黄山市黄山区；

湖北省黄石市；

湖北省黄冈市黄州区、黄梅县。

四、绿

吉林省长春市绿园区；

云南省红河哈尼族彝族自治州绿春县。

五、青

上海市青浦区；

江西省九江市共青城市；

山东省青岛市；

山东省淄博市高青县；

山东省潍坊市青州市。

六、蓝

内蒙古自治区锡林郭勒盟正蓝旗；

湖南省永州市蓝山县；

陕西省西安市蓝田县。

七、紫

广东省河源市紫金县；

陕西省安康市紫阳县。

道路名称，有"道"可循

城市道路名称，通常由专名和通名两部分组成。专名则是道路的专用代号，通名体现道路的类型、等级和通性。比如上海"南京路"这个路名中，"南京"是专名，"路"是通名；济南"舜井街"中，"舜井"是专名，"街"是通名。

根据相关规定，城市道路命名通常划分三个等级：第一级为大道、大街，一般指城市道路中路幅最宽、贯穿城市或者起主要交通作用的道路；第二级为路、街，通常是城市中路面较宽敞，并且有一定商业活动的道路；第三级为巷，多是指比"街"狭小的居民区道路。

一条路被命名为"路"还是"街"，是很有讲究的。很多城市的道路命名规律是"南北路、东西街"，即城市中南北走向的道路，称为大道、路，如济南市英雄山路、舜

耕路都是南北走向；东西
走向的道路，称为大街、
街，如济南市泺源大街就
是东西方向。人们大致可
以通过街道名称分辨东南
西北。

仍以济南道路名称为
例，如右图所示：蓝底白
字的路名指示牌，表示这
条路是东西走向；绿底白

字的路名指示牌，表示这条路是南北走向。这样做，是为了
让市民能够快速地辨认出方向。路名指示牌上还用中英文标
注着东西或是南北。

每个城市都有街道命名原则和特色做法。济南城区的中西
部，东西方向采取经一路至经十一路由北至南排列，南北方向
从纬一路至纬十二路排序。这种排序与地球经纬恰好相反。此
区域当年是济南纺织基地。织布机上有经纬线，加之此地东西
狭长，南北略宽，于是东西、南北分别采用经、纬命名。郑州
市也有经纬路，是按照地球上经纬方向来命名的；沈阳市有经
街纬路；天津市有经纬路，但是把序号置前，如二纬路。

　　从20世纪80年代开始，上海有关部门有意识地在浦东地区、吴淞地区以及中山环路外侧，采用与全国各省区市"地理方位"相对应的命名方法，以期逐步形成比较有省区市地名意识的路名分布状况。东北地名常常出现在上海东北角的杨浦、宝山一带。位于我国西南地区的贵州、广西、云南地名，则扎堆出现在上海西南角的长宁、徐汇、闵行一带。位于华东的山东省地名，常常出现在浦东一带，于是就有历城路、潍坊路、临沂路、德州路、崂山西路、崂山东路等数十条以山东省地名为名的道路名称群。不过由于历史原因，上海市山东路位于市区西部，济南路位于党的"一大会址"附近，可谓中心地带。

　　亲爱的读者朋友，也查查你们所在城市命名有哪些"道道"吧。

巧识地名有办法

1. 互相颠倒的地名居然这么多

北京市昌平区，四川省巴中市平昌县

河北省张家口市康保县，湖北省襄阳市保康县

河北省邢台市宁晋县，云南省昆明市晋宁区

河北省保定市安新县，河南省洛阳市新安县

山西省长治市长子县，陕西省延安市子长市

山西省临汾市乡宁县，湖南省长沙市宁乡市

山西省朔州市怀仁市，贵州省遵义市仁怀市

山西省忻州市原平市，山东省德州市平原县

浙江省宁波市宁海县，浙江省嘉兴市海宁市

浙江省湖州市安吉县，江西省吉安市吉安县

安徽省安庆市，黑龙江省绥化市庆安县

福建省龙岩市武平县，四川省绵阳市平武县

江西省赣州市安远县，湖北省宜昌市远安县

江西省吉安市安福县，福建省宁德市福安市

江西省景德镇市乐平市，广西壮族自治区桂林市平乐县

河南省信阳市，山东省滨州市阳信县

广东省韶关市乐昌市，山东省潍坊市昌乐县

广西壮族自治区南宁市，四川省凉山彝族自治州宁南县

云南省曲靖市罗平县，宁夏回族自治区石嘴山市平罗县

云南省昆明市安宁市，黑龙江省牡丹江市宁安市

西藏自治区昌都市，江西省九江市都昌县

青海省海东市，江苏省连云港市东海县

台湾花莲县，江西省萍乡市莲花县

2.哪些重名、同音市县改了名

百年前，全国同名的地名还是非常多的，原因是多方面的。相距甚远的县名相重有时可以理解，但同属一个省、直辖市、地级市的情况就不利于人们生活、学习与工作了。

如上海市上海县：1992年上海县与老闵行区合并，成

立新的闵行区，上海县退出了历史的舞台。无锡市无锡县：1995年撤销无锡县，以其原辖区域设立锡山市（县级）。2000年，经国务院批准，撤销锡山市，设立无锡市锡山区和惠山区。

随着1982年前后大面积撤地设市，以及后来撤县设市、撤县设区或撤县级市设区的展开，市县同名情况开始逐渐减少。

除了上海、无锡的做法，还有以下一些具体变更。

辽宁省长山县因与山东省长山县重名，故于1953年更名为长海县。1956年，山东省长山县撤销并入邹平县（今邹平市），现在邹平市辖有长山镇。

吉林省西安市、西安县因与陕西省西安市重名，分别于1952年、1956年易名为辽源市、东辽县。

黑龙江省佛山县因与广东省佛山县（今佛山市）重名，故于1955年易名为嘉荫县。

黑龙江省泰安县因与山东省泰安县（今泰安市）重名，故于1952年改为依安县。

山东省平南县因与广西壮族自治区平南县重名，故于1952年改为蓼（liǎo）兰县。1956年蓼兰县撤销，并入平度县（今平度市）。

3.几地合并各取一字，皆大欢喜

有些地名是几个地方合并而成，命名时常在几个地名间各取一字组成，这样能照顾到多方情感。

比如：河北省雄安新区＝雄县＋安新县；山西省襄汾县＝襄陵县＋汾城县；福建省闽侯县＝闽县＋侯官县；河南省兰考县＝兰封县＋考城县；广东省陆丰县＝安陆县＋海丰县（后陆丰县撤县设市）。

4.县以上两级地名同名或同音，有你家乡吗

省市同名：吉林省吉林市。

市县同名：河北省承德市承德县、辽宁省朝阳市朝阳县、辽宁省辽阳市辽阳县、辽宁省抚顺市抚顺县、辽宁省铁岭市铁岭县、吉林省通化市通化县、江西省吉安市吉安县、河南省新乡市新乡县、湖南省长沙市长沙县、湖南省湘潭市湘潭县、新疆维吾尔自治区乌鲁木齐市乌鲁木齐县。

市与区同名：江苏省淮安市淮安区、安徽省黄山市黄山区、山东省东营市东营区、湖北省荆州市荆州区、新疆维吾

尔自治区克拉玛依市克拉玛依区。

自治州或地区与下辖县、市同名：湖北省恩施土家族苗族自治州恩施市、四川省阿坝藏族羌族自治州阿坝县、四川省甘孜藏族自治州甘孜县、云南省楚雄彝族自治州楚雄市、云南省大理白族自治州大理市、青海省玉树藏族自治州玉树市、新疆维吾尔自治区阿克苏地区阿克苏市、新疆维吾尔自治区喀什地区喀什市、新疆维吾尔自治区阿勒泰地区阿勒泰市。

地级市与单字县名同名：河北省沧州市沧县、湖北省随州市随县、四川省泸州市泸县。

有些虽然不同名，但同音，这也是需要关注的。比如辽宁省义县和河北省易县，江西省吉安市和吉林省集安市，贵州省铜仁市和青海省同仁市，山东省临沂市兰山区和山东省日照市岚山区。还有河北蠡县、四川理县、甘肃礼县、湖南澧县，"礼尚往来"，值得关注。

地名读音千奇百怪

地名和地理学、历史学、语言学等学科有密切联系，地名的用字和读音都有一定的特殊性。一个地名的读音从当地民间层面的习用读音到国家有关部门权威认可、语言文字工作部门规范读音，必然会考虑到社会、历史、地域、民情等诸多方面的因素，所以地名读音往往显示出与众不同。

从《现汉》反映的现有地名读音看，大致体现了六方面的考虑。

一是承古性，是指地名读音继承了古代的汉语语音特点。这些古音在普通话中大都已经发生演变，但在地名中保持不变。山东省费县，春秋时处鄪（bì）邑，战国时处鄪国，西汉初年置县。今费古时读音 bì 没有保留，只有读音 fèi。

山西省洪洞县的"洞"，读音为 tóng，不读 dòng。此音已沿用千余年。安徽省六安市、江苏省南京市六合区的"六"，在当地读lù，不读liù。

二是人为性，表现在避讳或者因位高权重的人物的好恶而变更读音。

《说文解字》作者许慎的故乡河南省漯河市召（shào）陵区就是因避讳而来。召陵名称的由来，可追溯到战国七雄之一的魏国在此境内所建立的召（zhào）陵邑。"召"：号召，召唤，召至。"陵"：大而隆起者（大土山）。"召陵"，取意"号召天下之高地"。两晋时，召陵属颍川郡。因避晋太祖司马昭之讳，"召陵"改为"邵陵"。南北朝时，"邵"复改为"召"，但仍沿袭晋时读音"shào"。注意：河南省南阳市南召县中的"召"读zhào。

三是从俗性，是指该地名的读音不是按中古音的反切读音来读，而是遵从了当地不合古音的俗读。山西省繁峙县的"峙"，读shì，不读zhì。读shì是当地的俗读。

四是容错性，是指有的地名读音不知何时因何原因产生误读，便在历史记忆中将错就错。四川省筠连县的"筠"，读jūn，不读yún。上海市莘庄镇的"莘"，读xīn，不读shēn。二者均是受了声旁的影响。

五是存异性，是指国家民政部门和国家语委等机构

认可同一个字在不同地区的不同读音。《现汉》中"乐"有三个读音。读lào时，用于河北省乐亭县和山东省乐陵市；读yuè时，用于浙江省乐清市；读lè时，用于河南省南乐县、广东省乐昌市、青海省海东市乐都区。

河南省荥阳市的"荥"，读xíng；四川省荥经县的"荥"读yíng。

六是开放性，指国家民政部门、国家语委等部门对地名特殊读音的认定一直持开放态度，一直关注、听取地方政府与人民群众的诉求，并适时作出读音调整。详见《了不起的汉字》最后一篇文章《一读就错的名字》。

那些你可能没听过的山东地名

地名中有生僻字，一点也不奇怪。原因在于这些字具有鲜明的地域特色，通常是当地人根据读音、寓意而挑选的或硬生生造出的汉字。其结局不外乎两种：一种藏在深山人所不知，一种随着地方经济发展或突发事件等被人所知悉，如深圳的圳字、沙家浜的浜字。

下面，我们列几则齐鲁大地上的生僻地名，为大家增添一抹汉字学习的乐趣。

崀（shuǐ）峪，位于青岛市城阳区夏庄街道，号称"第一樱桃谷"。传说很久以前，村里的山谷里长着一种树。这种树的叶子一面是青色的，一面是红色的，当地人把这种树叫作"崀树"，因山谷里有很多这样的树，故名"崀峪"。在崀峪中有这样一种果实，传说吃了它可以为人们带来健康与长寿，

故名"孝心果",也就是现在的樱桃。

猺(náo)山,位于潍坊青州。相传春秋时期,此处有一种怪兽经常出来祸害百姓。齐王闻讯后率人捕捉野兽。事成之后,突然地面冒出两座山,一座像牛,就叫牛山;另一座可以称得上四不像,文人们便用一个"犬"、一个"丑"、一个"山",造了这个"猺"字。从此,那座山就叫猺山。猺字虽然长得有点寒碜,但《新华字典》和《现汉》中都有其位置哟。

菏泽市鄄城县有个崝(kuǎ)杨庄。最初崝写作崠,后根据"東"简化类推而来。

笔者发现,崝还有一位孪生兄弟喾(zāo)。说起这对"双胞胎",还有些故事呢。

话题要从明代说起。当初此地有一个汉代建立的村庄,因杨氏先祖立村,故名杨庄。

明洪武年间，政府组织山西洪洞（tóng）移民来山东。最初本地人与山西移民都听不习惯对方的口音。于是，山西来的移民对杨庄当地人说："我听你们这里人说话怎这么kuǎ啊？"当地人回答："我也听不习惯你们说话，总感到特别zāo。"于是，㞞、㞃就问世了。

无独有偶，远在辽宁省葫芦岛市南票区缸窑岭镇有个自然屯叫㑩屯。据说，当年一些"闯关东"的山东人来这里居住，慢慢形成了自然屯。后来，人们就用"山、东、人"造出个独特字，读音与字义都与鄄城㞞杨庄的㞞高度一致。因此，我们有理由相信，葫芦岛的㑩屯之㑩来自菏泽，是"闯关东"的结果。

汋，读zhàn。汋乃日照民间的自造字，当地人曾经使用了二百多年。据史书记载，汋子村建于清雍正至乾隆年间，

第二篇　趣谈朝代名、国名和地名

据说当初建村时，驻守此地的清朝军队无法绘制地图，便根据当地地形样貌，造出了这个汊字。汊子村位于日照市东港区涛雒镇驻地东南，现已改名为栈子村。

亲爱的读者朋友，你的家乡还有没有诸如此类的奇特地名呢？或者你旅游时发现了特别的地名，可以记录下来哦。

第三篇　国之重器因何命名

藏在"国之重器"名字里的中国式浪漫

当上天入海的大国重器与极具中华优秀传统文化意义的名字相结合时,更能体现中国式的智慧和浪漫。从国之重器的命名中,可见神话与现实、古典与现代的交相辉映。名字,不只是名字,是历史、是传承、是梦想、是仰望。

中国飞行器名称里,不仅仅体现了我们对于古老传说的惦念和现代科技水平,更彰显了中华民族文化自信。

1. "天宫"空间站

"天宫"一词,出自中国古代神话传说中天帝居住的宫殿。《后汉书》:"有星孛于紫宫。"中国古代天文学家把天上的恒星分为三垣(yuán)、二十八宿等。三垣包括太微垣、紫微垣和天市垣。紫微垣为三垣的中垣，于是，天帝所居的天宫谓之紫宫。古时天地对应，于是地面上皇帝居住地叫紫禁城。"天宫"，期望航天员能在浩瀚星际间居住得舒服，生活得自在，工作起来潇洒。

2. "天和"核心舱

"天和"出自《庄子·知北游》："若正汝形，一汝视，天和将至。""天和"就是"天人合一"，寓意天地自然与人类和谐相处。2021年4月29日，中国空间站首个舱段"天和"核心舱发射升空。

3. "梦天"实验舱

"梦天"一词，出自李贺的代表作《梦天》："老兔寒蟾泣天色，云楼半开壁斜白。玉轮轧露湿团光，鸾佩相逢桂香陌。黄尘清水三山下，更变千年如走马。遥望齐州九点烟，一泓海水杯中泻。"2022年11月3日，梦天实验舱顺利完成转位，标志着中国空间站"T"字基本构型在轨组装完成。

4."问天"实验舱

"问天"一词，出自屈原长诗《天问》(节选)："天何所沓？十二焉分？日月安属？列星安陈？"在这首长诗里，屈原对天地离分、阴阳变化、日月星辰等天地万物提出一系列追问。"问天"实验舱展现了中华儿女叩问苍穹寻求真理的心愿与决心。

5."天舟"系列货运飞船

辛弃疾《西江月·为范南伯寿》："灵槎准拟泛银河，剩摘天星几个。"灵槎(chá)，指能乘往天河的船筏，也指船。天舟泛指天地间往来的星汉之舟。现在人们称"天舟"为"快递小哥"，多么亲切有趣。

6."神舟"系列载人飞船

"神舟"意为"神奇的天河之舟"，与"神州"谐音，同时"神舟"有神气、神采飞

扬之意。当初，"神舟"从众多方案中脱颖而出，成为中国载人飞船的名字。请注意，"神舟飞船"可不能写作"神州飞船"哟。另外，"神舟"系列编号要用汉字数字，如"神舟十七号"，不写作"神舟17号"。

7. "悟空"暗物质粒子探测卫星

中国科学院国家空间科学中心表示：一方面，悟空是中国古典名著《西游记》中齐天大圣的名字，"悟"有领悟的意思，"悟空"有领悟、探索太空之意；另一方面，悟空的火眼金睛，犹如暗物质粒子探测卫星的探测器，可以在茫茫太空中，识别暗物质的踪影。这也符合国际上将科学卫星以神话形象命名的做法。

8. "北斗"卫星导航系统

北斗卫星导航系统是中国自主建设的定位导航系统（简称BDS），也是继美国GPS（全球定位系统）、俄罗斯GLONASS（格洛纳斯，中高轨道导航卫星系统）之后的世界上第三个成熟的卫星导航系统。自20世纪80年代，中国科学家开始研制中国自己的卫星导航系统，借助中国传统文化中寓意光明和方向的北斗七星命名。北斗七星自古以来就被用以指引方向、分辨四季。

9."嫦娥"工程

2004年，嫦娥工程立项，取自"嫦娥奔月"的神话故事。

2007年10月24日，我国发射了第一颗月球探测卫星"嫦娥一号"，实现了中国探月工程的首次突破。

2013年11月26日，国防科技工业局举行新闻发布会，宣布"嫦娥三号"月球车正式名称为"玉兔号"。在中华民族神话传说中，嫦娥怀抱玉兔奔月。玉兔善良、纯洁、敏捷的形象与月球车的构造、使命既形似又神似，反映了中国和平利用太空的立场。降落月球的区域则被叫作"广寒宫"。

2018年，作为地月信息联通的"天桥"，"嫦娥四号"中继星被命名为"鹊桥"，名字来源于牛郎织女的民间传说。"鹊桥"是中国乃至世界首颗地球轨道外专用中继通信卫星。作为地月通信和数据中转站，"鹊桥"可以实时地把在月球背面着陆的"嫦娥四号"探测器所发出的数据第一时间传回地球，这是人类探索宇宙的又一有力尝试。"鹊桥"，古时连接牛郎与织女，如今架起地球和月球沟通的桥梁。

2024年2月24日，中国载人月球探测任务新飞行器名称已经确定，新一代载人飞船命名为"梦舟"，月面着陆器命名为"揽月"。"梦舟"寓意载人月球探测承载中国人的航天梦，开启探索太空的新征程，也体现了与神舟、天舟飞船家族的体系传承。而"揽月"取自毛主席诗词《水调歌头·重上井冈山》："可上九天揽月，可下五洋捉鳖，谈笑凯歌还。"彰显了中国人探索宇宙的豪迈与不畏艰难的精神。

2025年2月，据中国载人航天工程办公室消息，经公开征集评选，中国载人月球探测任务登月服和载人月球车名称已经确定，登月服命名为"望宇"，载人月球车命名为"探索"。"望宇"寓意遥望宇宙、探索未知，与执行空间站飞行任务的"飞天"舱外服相呼应，寓意在实现飞天梦想、建成"太空家园"之后，中国载人航天踏上了登陆月球、遥望深空的新征程，也传递出中国发展航天事业始终坚持和平利用太空、为构建人类命运共同体作贡献的坚定立场。载人月球车命名为"探索"，寓意着对未知世界的探索实践，与"探索浩瀚宇宙、发展航天事业、建设航天强国"的航天梦高度契合，彰显了中国载人航天勇攀高峰、不懈求索的创新精神。

10. "羲和号"太阳探测科学技术试验卫星

2021年10月14日18时51分，中国首颗太阳探测科学技术试验卫星在太原卫星发射中心发射升空。卫星发射前，为进一步鼓励公众特别是青少年关注航天，传播航天精神，激发探索热情，在国家航天局指导下，国家航天局新闻宣传办公室、中国航天科技集团八院、南京大学联合组织发起了中国首颗太阳探测科学技术试验卫星征名活动，收到万余份命名方案，经过征集、遴选和专家推介三个环节，最终定名"羲和号"。羲和为中国古代神话中的太阳女神与制定时历的女神，相传她和帝俊生了十个孩子，就是天上的十个太阳（被后羿射下九日）。她每天驾车在天上驰骋，于是人们看见太阳每天东升西落，最终她以太阳母亲的形象为人们所认知。此名取义"效法羲和驭天马，志在长空牧群星"，象征中国对太阳探索的缘起与拓展。

11. "夸父一号"先进天基太阳天文台卫星

太阳活动呈周期性变化，周期平均约为11年。太阳黑子数量达到最多的年份，称为太阳活动峰年，是太阳活动最剧烈的时候。2024年到2025年，将是太阳活动的第25周峰年。2022年10月9日7时43分，在酒泉卫星发射中心，"夸父一号"先进天基太阳天文台卫星被送入太空，有助于人们更好地了解太阳。

"夸父一号"瞄准了"一磁两暴"："一磁"即太阳磁场，"两暴"指太阳上两类最剧烈的爆发现象——太阳耀斑爆发和日冕物质抛射。"夸父一号"的科学目标是观测和研究太阳磁场、太阳耀斑和日冕物质抛射的起源及三者之间可能存在的因果关系。

"夸父一号"有两层含义：一方面，"夸父"是广为人知的中国神话人物，"夸父逐日"的故事表达了中国古代先民胸怀大志、探索自然、英勇顽强的精神，蕴含了中华民族千百年来试图揭开太阳神秘面纱的不懈求索。另一方面，寓意着"夸父一号"将与未来中国太阳探测卫星一道，开启中国综合性太阳观测的新时代。"嫦娥奔月"对仗"夸父逐日"，诠释了中国人热爱自然、探索自然的情怀与浪漫。

12. 火星探测器"天问一号"与火星车"祝融号"

"天问一号"的名称来源于屈原的长诗《天问》，表达了中华民族对真理追求的坚韧与执着，体现了对自然和宇宙空间探索的文化传承，寓意探求科学真理征途漫漫，追求科技不断创新，永无止境。

"天问一号"于2020年7月23日在文昌航天发射场发射升空，成功进入预定轨道。2021年2月10日"天问一号"与火星交会，成功实施捕获制动进入环绕火星轨道。对预选着陆区进行了3个月的详查后，于2021年5月15日成功实现软着陆在火星表面。2021年5月22日，"祝融号"火星车成功驶上火星表面，开始巡视探测。2021年11月8日，"天问一号"环绕器成功实施第五次近火制动，准确进入遥感使命轨道，开展火星全球遥感探测。

"天问一号"在火星上首次留下中国印迹，首次实现通过一次任务完成火星环绕、着陆和巡视三大目标。

2021年3月2日，中国首辆火星车全球征名活动公众网络投票结束，"祝融号"以超过50万的选票荣登榜首，排名第一。祝融在中国传统文化中被尊为最早的"火神"，象征着祖先用火照耀大地，带来光明。首辆火星车命名为"祝融号"，有火神祝融登陆火星的意思，寓意点燃中国星际探测的火种，指引人类对浩瀚星空、宇宙未知的接续探索和自我超越。

"天问二号"计划2025年实施发射,主要目标是小行星探测。"天问三号"计划2030年前后进行火星采样返回任务。"天问四号"将实现对木星系的探测。

我国全球低轨卫星系统叫"鸿雁"。古人以鸿雁比书信,鸿雁传书,寓意永不失联。

"风云"气象卫星。命名"风云",是对气象风云变幻的精准概述。

"句(gōu)芒号"卫星。句芒是中国古代民间神话中的木神、春神,主管树木的发芽生长,忠心耿耿地辅佐伏羲。我们可以在祭祀仪式和年画中见到它:它变成了春天骑牛的牧童,头有双髻,手执柳鞭,亦称芒童。我国首颗陆地生态系统碳监测卫星"句芒号",将在碳储量监测、生态资源详查、国家重大生态工程监测评价等方面提供遥感监测服务。

"墨子号"卫星。2016年，中国首颗量子科学实验卫星"墨子号"开启了星际之旅。它的命名，是因为墨子在两千多年前就发现了光线沿直线传播等光学原理，奠定了光通信、量子通信的基础。

　　郭守敬望远镜。我国自主创新的、世界上口径最大的大视场兼大口径及光谱获取率最高的望远镜，名称是为了纪念发明过多种观测仪器的元代天文学家郭守敬。

科技驭海的"大国重器"

1.破冰船,破的不只是冰

破冰船是用于破碎水面冰层,开辟航道,保障舰船进出冰封港口、锚地,或引导舰船在冰区航行的勤务船。在1969年渤海大冰害期间,我国北方大部分港口被冰封冻,数百艘中外船只被冰困住、寸步难行。

海军第一代破冰船海冰722号就是在这个背景下诞生的,于1969年9月14日经周恩来总理批准,由上海求新造船厂建造。第一代海冰722号在2013年6月退役前,共计安全服役44年,累计航行30余万海里,为促进地方经济发展、国防和军队现代化建设作出了突出的贡献。

如今,新一代海冰722号破冰船已正式加入人民海军序列。海冰722号破冰船的破冰方法主要有三种：一是顶推法，即以破冰船前进的冲力，由船艏及船体前段挤碎冰层；二是冲撞法，即先进行倒行，然后转入全速前进，撞碎冰层；三是艏压法，即利用船体重力和压载水的调节，使破冰船冲上冰层，将冰压碎。

再来谈谈极地科学考察破冰船。"雪龙号"是中国于1993年从乌克兰进口后按照自身需求进行改造而成。"雪龙2号"是我国自主建造的第一艘极地科学考察破冰船，于2019年7月交付使用，标志着我国在极地考察现场保障和支撑能力方面取得新的突破。

2024年6月24日，我国新一代破冰科考船"极地号"在广州南沙正式命名交付。"极地号"在设计和建造过程中充

分借鉴了"雪龙号""雪龙2号"这两艘船的经验,采用了"小而精、小而美、小而特"的船舶设计理念。"极地号"破冰科考船建造完成,标志着我国把整个冰区的科考体系,向着系列化、多样化方向又迈进了一大步。

2.疏浚重器——挖泥船

"天狮号"是天津航道局自主设计制造的第一条大型非自航绞吸式挖泥船,用于创建扩展航道和围海造田,于2006年出厂下水,它的出现标志着我国大型挖泥船打破了国际垄断的局面。另外还有"天麒号""天鲸号""天鲲号"挖泥船。

这里要说说亚洲最大直航绞吸挖泥船——"天鲲号"。天鲲出自先贤庄子的《逍遥游》:"北冥有鱼,其名为鲲。鲲之大,不知其几千里也。化而为鸟,其名为鹏。"庄子毫不吝惜对鲲鹏的夸赞,尤其是那化出羽翼腾飞九万里的壮志豪情。"天"与"鲲"结合更是展现了当今中国国力强盛的不争事实。

3.大洋钻探船"梦想号"

2023年12月18日,中国自主设计建造的首艘大洋钻探船正式命名为"梦想号"。随后，大洋钻探船"梦想号"顺利完成首次试航。

"梦想号"大洋钻探船承载着中华儿女建设海洋强国的梦想，承载着人类开发地球内部资源的梦想。"梦想号"建成后将为大洋能源资源勘查开采提供重要装备保障，成为保障国家能源安全的"国之重器"，支撑海洋强国建设的"核心利器"。

值得一提的是，2022年6月6日，中国探月航天和百度联合发行中国第一艘数字载人飞船，也叫"梦想号"。

4. "爱达·魔都号"邮轮

2023年年底，中国首艘国产大型邮轮"爱达·魔都号"在上海正式交付。这标志着我国成为集齐造船业"三大明珠"——航空母舰、大型液化天然气运输船、大型邮轮的国家。

寓意"从上海出发，爱达世界"。"爱达"源于英文单词adore，意思是热爱、崇拜、敬仰。"魔都"是上海的别称。

这里单独讲讲艒、舯、舫、舻四个字。舟单独成字，中间一横左右出头；舟作部首时，除自己"瘦身"外，中间那横右侧不出头，主要目的是给右侧汉字部件腾出空间。艏，读shǒu，指船的前端或前部。舯，读zhōng，指船体的中部。艕，读bàng，指船和船相靠，船与船接近首先是船帮相接。艕也就有了船旁边的意思。艉，读wěi，指船体的尾部。

一件物体，前中旁后各造一字，非舟莫属，不过如今很难使用到。若把"邮轮船艉"写作"邮轮艉"就有些别扭。"船艉"还是"船尾"，"船艏"还是"船首"，大家议一议吧。

5.走向深蓝——"蓝鲸1号"

2017年2月13日，由中集集团旗下山东烟台中集来福士海洋工程有限公司（简称"中集来福士"）建造的半潜式钻井平台"蓝鲸1号"命名交付。平台甲板面积相当于一个标准足球场大小，最大作业水深3658米，最大钻井深度15240米，适用于全球深海作业。"蓝鲸1号"代表了当今世界海洋钻井平台设计建造的最高水平，将我国深水油气勘探开发能力带入世界先进行列，也是中集集团提升国家高端能源装备实力的重要实践，具有里程碑式的意义。"蓝鲸1号"名称取自世界上最大的动物蓝鲸。"蓝鲸"完美体现了国之重器宏伟壮观的外表。

载人潜水器是指具有水下观察和作业能力的潜水装置。主要用来执行水下考察、海底勘探、海底开发和打捞、救生等任务，并可以作为潜水人员水下活动的作业基地。载人潜水器，特别是深海载人潜水器，是海洋科技的前沿与制高点之一，其水平可以体现一个国家在材料、控制、海洋学等领域的综合科技实力。

蛟龙号

科技部于2002年将"蛟龙号"载人深海潜水器研制列为国家高技术研究发展计划重大专项，并启动"蛟龙号"载人深潜器的自行设计、自主集成研制工作。2012年6月至7月，"蛟龙号"在马里亚纳海沟试验海区创造了下潜7062米的中国载人深潜纪录，同时创造了世界同类作业型潜水器的最大下潜深度纪录。

张謇号

张謇是中国近代著名的状元实业家、教育家、上海海洋大学的创始人。以"张謇号"命名中国万米级载人深渊科考母船，是为了弘扬张謇先生"父教育，母实业"的实干兴邦理念，并期许早日将中国建成世界海洋强国。

奋斗者号

"奋斗者号"是中国研发的万米载人潜水器。2020年11月10日8时12分，中国全海深载人潜水器"奋斗者号"在马里亚纳海沟成功坐底，深度10909米，创造了中国载人深潜的新纪录。"奋斗者号"符合时代精神，充分反映了当代科技工作者接续奋斗、勇攀高峰的精神风貌，符合中国载人深潜团队"最美奋斗者"的形象。

中国智慧闪耀苍穹

民用飞机方面，我们来讲家喻户晓的C919大飞机。

COMAC（中国商飞）自行研制的第一架干线客机命名为C919。简称中的"C"既是中国的英文名称CHINA的第一个字母，也是COMAC的第一个字母。919中，第一个9寓意"天长地久"，19则代表C919大型客机座级158—192座。"9"在中国是一个吉利的数字（与久谐音）。9为0至9的最大数字，代表极，如"九天揽月"等。

接下来主要谈谈中国军用飞机的霸气名称。

在20世纪50年代到80年代，中国制造的所有军用飞机几乎是没有名称的。比如，歼击机就用"歼"字开头，强击机就用"强"字开头，轰炸机用"轰"字开头，电子战机和侦察机用"电""侦"开头，后面加上数字。

军用飞机命名不但要反映飞机特点，更要弘扬中华民族浑厚的文化底蕴，展现威力的同时，展示文化自信。2022年7月1日，中国航空工业集团有限公司首次公布了飞机产品品牌命名规则，并发布了18个品牌系列的各型产品品牌名称，涵盖了战斗机、轰炸机、运输机、特种飞机、教练机、直升机、通用飞机和无人机共8大类机种。

简要列举如下。

一、陆基战斗机的名称（现在的新型陆基战斗机均以"龙"命名，寓意龙威四方）。歼-20：名为"威龙"；歼-10：名为"猛龙"；歼-11：名为"应龙"；歼-16：名为"潜龙"；FC-1：名为"枭龙"；FC-31：名为"鹘鹰"（沿用）；歼轰-7：名为"飞豹"（沿用）。

二、舰载战斗机的名称（以海洋霸主"鲨"命名，寓意驰骋大海，凶猛无畏）。歼-15：名为"飞鲨"。

三、轰炸机的名称（以古代传说"神"命名，寓意像神明一样，令对方敬畏）。轰-6N：名为"雷神"；轰-6K：名为"战神"。

四、军用运输机的名称（以中国神话大鸟"鹏"命名，寓意期望可以装载更多的军事物资）。运-20：名为"鲲鹏"；运-9：名为"麒鹏"；运-8：名为"鸿鹏"。

五、预警机（以"千里眼"命名，寓意看得远，方能掌控战场，决胜于千里之外）。空警-2000：名为"千里眼-2000"；空警-500：名为"千里眼-500"；空警-200：名为"千里眼-200"。

六、反潜巡逻机（以"海雕"命名，寓意巡逻机眼睛锐利，可以在很深的海洋发现敌潜艇）。运-8反潜巡逻机：名为"海雕-8"。

七、通信对抗飞机（以"雷电"命名，寓意以天空雷电之力，击穿压制对方电子设备）。运-9通信对抗飞机：名为"雷电-9"。

八、教练机（以猛禽"鹰"命名，寓意像雄鹰一样翱翔天空，进可突击，退可育人）。L15/教-10：名为"猎鹰"；FTC2000：名为"山鹰"；教-8：名为"雄鹰"；初教-6：名为"雏鹰"。

九、战术通用直升机（以"神雕"命名，灵动勇猛低空多面手）。直-20：名为"神雕-20"；直-11：名为"神雕-11"；直-9：名为"神雕-9"；直-8：名为"神雕-8"。

十、专用武装直升机（以"霹雳火"命名，寓意强大的电火，随时能给对方致命一击）。武直-19：名为"霹雳火-19"；武直-10：名为"霹雳火-10"。

十一、水陆两栖飞机（鲲幻化为鹏可飞天，龙能水能天，以"鲲龙"命名，寓意上天入海无所不能）。AG600：名为"鲲龙"。

十二、军用无人机（由于种类较多，命名丰富多彩）。"翼龙"系列、"彩虹"系列、"云影"系列、"旋戈"系列。

导弹名称威风又飒爽

中国人民解放军火箭军是由第二炮兵更名而来的，于2015年12月31日正式成立。在2019年国庆阅兵仪式上，火箭军携"最强东风快递"一起登场，素有"东风快递，使命必达"之称，所以火箭军的东风导弹也被网友称为"东风快递"。可是，"东风"这个名字是从何而来的呢？

起初中国的导弹叫飞弹。但炮弹、枪弹都是飞的，这和飞弹如何区分呢？飞弹与炮弹不同，它在飞行过程中是有控制的，有制导的，还要控制着落点，经过钱学森反复推敲，最后命名为导弹。可以看出钱老对导弹命名是很严谨的。而且这两个字非常好理解，可以引导，又是飞行的炸弹。

我们国家早在20世纪50年代就确定了东风（弹道导

弹）、巨浪（潜射弹道导弹）、尖兵（遥感卫星）、长征（运载火箭）、长城（核潜艇）、远征（常规潜艇）、反击（反导系统）等赫赫有名的超级武器工程项目。

中国首款地对地弹道导弹命名为"东风一号"，充分映射这款武器研制的背景——新中国正处于被西方国家联合打压的时期，所以"东风"导弹的名字，就表达了中国当时反抗西方打压的态度。

"红旗"系列防空导弹。引自毛泽东《清平乐·六盘山》："六盘山上高峰，红旗漫卷西风。"

"鹰击"系列反舰导弹。引自毛泽东《沁园春·长沙》："鹰击长空，鱼翔浅底，万类霜天竞自由。"

空空导弹"霹雳"系列。引自毛泽东《西江月·秋收起义》："秋收时节暮云愁，霹雳一声暴动。"

反潜导弹"长缨"。引自毛泽东《清平乐·六盘山》："今日长缨在手，何时缚住苍龙。"

巡航导弹"长剑"。引自毛泽东《五古·挽易昌陶》："列嶂青且茜，愿言试长剑。"

聊聊中国动车名称那些事

    高铁，作为现代交通工具的一种，以其高速、便捷、舒适的特点，深受广大旅客的喜爱。在我国，高铁已经成为人们出行的主要方式之一。

    动车组，又称"动车组列车"，是一种固定编组，自带动力，两头均能驾驶，无须转向的列车。

　　中国最早研制的动车组叫东风型摩托动车，柴油动力，运行时速120公里，曾在北京和天津之间运营了两年后停运。

　　经过多年的积累和沉淀，动车组研制在1999年前后出现井喷现象。首先是唐山机车车辆厂1998年研发成功了DMU型双层内燃动车组。该动车组于同年6月18日在南昌至九江区间投入运营。

　　从此以后，各铁路局联合各车辆厂研发了大量动车组型号，比如：大安号、春城号、大白鲨、先锋号、中华之星、普天号、长白山号、天驰号等。

　　中国最早投入使用的动力分散型电力动车组"春城号"，就是为配合1999年，以"人与自然——迈向21世纪"为主题的世界园艺博览会在昆明举办而研制的动车组型号。

　　"中华之星"电力动车组，是中国拥有自主知识产权的电力动车组。2002年11月27日，该电力动车组在中国第一条铁路快速客运专线秦沈客运专线上创造了当时"中国铁路第一速"——时速321.5公里。

　　2004年，中国在引进高铁列车的基础上，改进创新了动车组"和谐号"，这也标志着中国可以研制时速380公里的动车组，成为世界上具备这种能力的少数国家之一。

　　2007年12月22日，中国首列国产时速300公里的"和谐号"动车组列车竣工。

2008年，时速达350公里的CRH3型"和谐号"下线投运。京广高铁和京津城际以时速350公里的最高运营速度刷新了世界铁路客运最快速度的纪录。

2017年，中国自行设计研制，拥有全面自主知识产权的"复兴号"动车组投运，标志着中国动车组技术迈入世界前列。2017年6月26日，中国标准动车组"复兴号"在京沪高铁两端的北京南站和上海虹桥站双向首发，实现时速350公里的商业运营。这为世界高速铁路商业运营树立了新的标杆。

2018年8月1日，在京津城际铁路上的"和谐号"动车组全部更换为"复兴号"中国标准动车组。

你知道吗？

高铁座位"E"去哪儿了

为什么高铁的二等座车厢座位号是从A到F，单单落下E呢？这是因为列车、飞机座位编号采用的是国际惯例。

　　早期的飞机多是单通道的，每排一般有6个座椅，分别是A、B、C、D、E、F，A/F表示靠窗的位置，C/D表示靠过道的位置，B/E是中间位置。时间长了，A-F这六个字母形成了代表靠窗、过道与中间座位的国际惯例。为了和国际接轨，中国高铁座位编号就延续了这种传统。

　　高铁一排最多5个座位，二等座车厢一侧有三个座位，另一侧有两个。为了让人们明确自己坐在哪一个位置，在沿用这个国际惯例编号的同时，E只好被舍弃。高铁商务舱，一排为三个座椅（一侧两个编号为A、C，另一侧为F）。

火车站名称趣闻

截至2024年底，中国铁路营业里程突破16万公里，其中高铁里程超4.6万公里，居世界第一。在这16万多公里的铁路线上，有着大大小小几千座火车站。由于中国地名千姿百态，文化内涵丰富多彩，火车站名称自然也"万紫千红"。外加车站本身所处方位（如沈阳有东南西北四个方向火车站）以及自身特点，火车站名更加千变万化。与此同时，邮戳收集爱好者也是收获满满。今天就让我们乘着高铁、动车甚至绿皮车，找寻几处有趣的火车站名，开启站名文化之旅。

有的以动物名称起名：鸭园站是吉林省通化市辖境内的一个小站，始建于1938年，已经有80多年历史了。羊马站，位于四川省崇州市羊马镇，是成蒲铁路上的一座车站，

2018年年底开通运营。白狼站，位于内蒙古自治区阿尔山市白狼镇。蛤蟆塘站，位于辽宁省丹东市金山镇。

有的以数字起名。不数不知道，一数吓一跳：零陵、半截河、一间房、二道河、三把火、四道沟、五台山、六个鸡、七里坪、八达岭、九龙岗、十堰、百朋、千岛湖、万泉河……

有些生僻字地名让你张不开口：位于内蒙古自治区乌兰察布市凉城县天成乡的樊家圐圙站。圐圙，读作 kū lüè。这是蒙古语，指围起来的草场，多用于村镇名，如马家圐圙等。

有些站名挺拗口，如每每火车快到河南省夏邑县站，列车员会预报：下一站是夏邑站。听后，旅客们大多议论纷纷。

有些车次始发站为同一站。G5567/G5566次"高铁环游齐鲁"体验列车由济南西站发出，途经曲阜东站、蒙山站、费县北站、临沂北站、日照西站、青岛西站、青岛北站、青岛机场站、高密北站、潍坊北站、淄博北站、邹平站、济南东站，最后回到济南西站。列车上，沿线地市文化和旅游部门在车厢里，分别展示了泉城济南、平安泰山、东方圣地、亲情沂蒙、仙境海岸、齐国故都、鸢都龙城等品牌旅游线路。一节节车厢如同一张张城市名片，向旅客们奉上一份高铁上的文旅大餐。

泰安站与泰山站其实是两个站。泰山站始建于清宣统元年（1909），时称泰安府站；1936年更名为泰安县站；1945年更名为泰安站；2000年5月1日更名为泰山站。

泰安站于2010年1月22日正式开工，时称泰山西站，后正式更名为泰安站，为高铁站。

到泰安乘车，可得把眼睛瞪大点，要不然容易跑错地方呢。

第四篇　名称蕴含大学问

趣说"江""河"

不知各位读者有没有发现，我国南方多数大型河流以"某某江"冠名，如长江、珠江、湘江、赣江、闽江、嘉陵江、岷江、金沙江、怒江、澜沧江、汉江、钱塘江。只有小的水道才称为"河"，如苏州河、万泉河、秦淮河。

南起淮河北到辽河的中部地区，河流多称"某某河"，

长江

如黄河、淮河、汾河、海河、泾河、渭河、永定河、桑干河、滹（hū）沱河、辽河，以及我国西北部的塔里木河、额尔齐斯河、伊犁河。

黄河

我国东北地区，大河多称"江"，如松花江、鸭绿江、图们江、乌苏里江、嫩江、黑龙江。

这奔腾的河流之中除了泥沙，还藏着什么秘密呢？

上古时期，水流名称一般都被冠以单字，简单明了。河的名字，大都是三点水加个声旁，如沱、汉、洛、沔、泾、渭、浐、灞、济、湘、沅、汾、泗。那时江特指长江，河特指黄河。

进入战国，一般在单字后面加个水字，叫某水，如汾水、汉水、淮水、泗水、渭水。长江被称为江水，黄河被称为河水。这种名称一直延续到南北朝。

古时有四渎，即江（长江）、河（黄河）、淮（淮河）、济（济水）。渎，指独流入海。

南江北河的称呼大行其道是在隋唐。长江支流也用"江"，黄河支流也用"河"。

下面我们从"江""河"这两个字的演变来探讨一下。

江，形声字。金文 ⿰ 从水从工（表声）。其实这个工字，不仅仅表音，还暗暗表意。工字最初是做木工的曲尺。曲尺给人的感觉也有"直"和"宽"。江给人第一感觉就是"大且宽阔"。大江奔流，气势磅礴。

河，形声字，甲骨文 ⿰ 从水从可（表声）。小篆 ⿰ 从水从可（表声）。这里，"可"除了表声，还蕴含弯曲之意。北方河流多曲折，故叫"河"；南方河流中多有曲折的，尤其是较小的河流，自然也称"河"，如弯过九道湾的浏阳河。

也有语言学家认为，南方的"江"或来自南亚语，北方的"河"或来自游牧民族。备此一说。

聊完"南江北河"，我们再到东北看看。东北地区分两种情况：一是辽河流域在先秦时就是燕国封地，受中原文化影响，自然客随主便。辽河在《山海经》中叫潦水，在《吕氏春秋》中被称为辽水，唐代以后称为辽河。辽河流域的支流也都叫河，如柴河等。二是辽宁更北的地区。河流大多是以少数民族语言命名的：嫩江，一说来自女真语，为妹妹河，一说来自蒙古语，指青色的河；松花江，满语指天江；乌苏里江，意为东方日出之江；牡丹江，意为弯曲之河。

最早汉语文书中对这些河流采取的是"音译＋水"的名称。嫩江称为那水，黑龙江为黑水，松花江为速末水，鸭绿江为马訾（zī）水。转而叫江，是在辽金以后。到了清代，基本上东北河流的名字就和现在差不多了。

我们都是来自五湖四海

毛泽东同志在著名的《为人民服务》一文中说:"我们都是来自五湖四海,为了一个共同的革命目标,走到一起来了。"五湖四海指全国各地。

"四海"大家好理解,那就是从北往南依次为:渤海、黄海、东海、南海。

其实,古人看到东方有大海,于是推论出南、西、北均有大海,于是四海环抱的陆地居中,把中国叫作海内,把外国叫作海外。《礼记·祭义》中的四海指东、南、西、北四海。后来古人把今天的贝加尔湖或北冰洋等地叫作北海,把青海湖或咸海等地称作西海。

渤海。我国内海,由山东半岛和辽东半岛环抱。在古代也被称为勃海。"勃"可解释为旁边附生,因为古时将今天的东海和黄海统称为东洋大海，"勃海"只是附属于东洋大海的一片水域。

黄海。北起鸭绿江口，南以长江口北岸到韩国济州岛一线与东海为邻。南宋以来，黄河夺淮入海，将近岸海水染成了黄色，所以自清代中叶以来，人们将这部分海域叫作黄海了。

东海。北接黄海，南以广东省南澳岛到台湾省本岛南端（一说经澎湖到台湾东石港）一线同南海为界，东至日本琉球群岛。

南海。是"南中国海"的简称。南海之名，早在秦汉时就已经出现了。

"五湖"向来被虚指为全国各地，直到近代才被明确为我国五大淡水湖泊：鄱（pó）阳湖、洞庭湖、太湖、洪泽湖、巢湖。

鄱阳湖位于江西北部，是我国第一大淡水湖，因古时湖内有鄱阳山，因而叫鄱阳湖。20世纪五六十年代，曾因生僻字，鄱阳县被改为波阳县，但鄱阳湖未同时改名。2003年，波阳县恢复鄱阳县名。

洞庭湖位于湖南北部、长江中游的南岸。湖中有一座君山，春秋、战国时叫洞庭山，因而得湖名。20世纪初，它还是全国第一大淡水湖，后让位于鄱阳湖。

太湖位于江苏、浙江两省交界处，是我国第三大淡水湖。古时，"太"与"大"两字相通，太湖，大湖也。洞庭山位于太湖东南部，由东洞庭山、西洞庭山组成。

洪泽湖位于江苏北部淮河下游。隋炀帝巡视江都经此，久旱遇雨，淮河溢注，因名洪泽浦。唐代，筑塘蓄水扩大水面，遂名洪泽湖。它是由"黄河夺淮"形成的。因洪泽湖湖底高程近10米，高出里下河平原4米至8米，故洪泽湖有"堰堤有建瓴之势，城郡有釜底之形"一说，洪泽湖也因此被冠上"悬湖"之名。

巢湖是我国第五大淡水湖，位于安徽省中部。因其形状像个鸟巢，东汉时便有了"巢湖"之称；或以为它原系先秦时的居巢邑地，秦置为居巢县，后突然下沉为湖。

两分钟教你认清与水有关的字

一面临水叫岸或滩，两面临水叫湾，水中间的小块陆地叫渚，四面临水大的叫岛或洲，离水面近的石叫礁，水边突出的石头叫矶。

　　三面临水面积大的称为半岛（辽东半岛、山东半岛、雷州半岛），密集的岛屿称为群岛，线状或弧状排列的称为列岛。

　　水草茂密的积水地带称为沼泽，人工挖掘的排水道称为渠，人工开凿的大型功能性河流称为运河。

　　较低的挡水构筑物叫堰，相对堰高一点的叫坝，江河沿岸停靠的码头叫埠，停泊大船的江海码头叫港。

"学校"的来历

学校的"校"为何从木从交（表声），并且是多音字呢？

校，本义读jiào，指套在犯人脖子上的木制刑具，也叫枷。枷一般由两块木板拼合而成，于是引申出校对、校勘、校验、校正、校改等。

校，读xiào时，引申出学校、母校、校址。后指军衔的一种级别，如少校、中校、上校、大校等。

学校，需要用木材搭建校舍，故而从木字旁。

校读xiào，也暗指效仿，让学生跟着老师学习、模仿从而增长知识与才干。

校读jiào，指通过老师示范引领，用戒尺（现在拒绝惩罚）来校正学生的言行，从而塑造出"概尺"的气概。

早在4000多年前的夏朝，我国就有了学校。夏朝称之为校，殷商称作序，周朝称作庠（xiáng）。

序，小篆 从广（敞屋）从予（给予，兼表声）。本义为隔开正室与两旁夹室的墙。后指正房两侧的厢房。古代地方学校设在堂的两厢，故引申指学校。厢房与正室相比，无论是高度还是宽度，都是按一定规则进行排序的。由此可以看出，序也暗指老师教学生遵守秩序、懂得礼数。

序，还指序言、序文，即说明作品写作宗旨、内容、经过、编排或评价作品的文字。古代序在文后，现多移到前面。

周朝称学校为庠。庠与序同为广字头，也是指敞屋类房子。庠，典型的形声字。这里"羊"既表声，也寓意通过培养，让学生像小羊羔那般温顺、听话。

辟雍是西周少数奴隶主贵族读书的场所。辟同璧，取形如环璧以法尺；雍取四周有水以体现上善若水之品德。大学有五，南为成钧，北为上庠，东为东序，西为瞽（gǔ）宗，中为辟雍。现在北京国子监还保留清朝效仿周代的辟雍。

辟雍呈圆形，四周环水，东西南北各有四座桥联通（见下页图）。

地方办的学校一般南侧有半圆形水池，称作泮（pàn）池。泮中的"半"既体现与辟雍环形水池之区别，同时也告

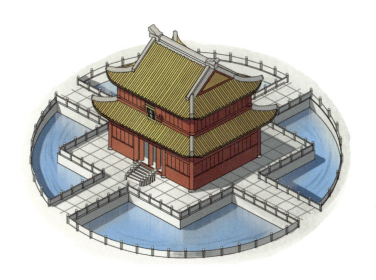

诚师生谦虚好学。另外泮与盼读音一致，寓意老师与家长盼望学生增长知识与才华。济南大明湖南门外文庙内有大小两个泮池，这在全国是罕见的。济南文庙东侧有庠门里，值得大家去寻古访学。

周朝儿童入学，先学六甲六书，称为"小学"。古代用十天干（甲、乙、丙、丁、戊、己、庚、辛、壬、癸）和十二地支（子、丑、寅、卯、辰、巳、午、未、申、酉、戌、亥）依次配成六十组干支（请注意：天干地支共二十二个字，均为独体字。"醜"在"丑陋"义项时是丑的繁体字，但作为地支"丑"没有繁体字）。其中起头是"甲"字的有六组（甲子、甲戌、甲申、甲午、甲辰、甲寅），所以叫六甲。因干支笔画比较简单，多为儿童练字之用。六书就是象形、指事、会意、形声、转注、假借六种造字法。六甲与六书，指识字与写字结合。在古代，礼、乐、射、御、书、数"六艺"被称为小学。到了汉代，以小学作为文字训诂之学的专称。"大学"一词含义也有了新的意思，指研究国家和社会管理的学问。因此，看到古籍里的"小学"可不能与当下"小学"画等号啊。

我国古代地方官办的学校，在西周时一般被称作"学宫"。著名的如两千多年前齐国的"稷下学宫"。孔子在大成殿的甬道开设"杏坛"，以六艺而教众贤，开启我国私人办学之先河。宋朝出现了引领教育先锋的"书院"。当时著名的六大书院，承担着国家选俊功能。

我国古代的大学叫"太学"。汉武帝元朔五年（前124）开创，它是中国当时的最高学府。太学选聘学优德劭者任教授，称其为"博士"；招收学生，随教授学习，称其为"博士弟子"。太学以《诗》《书》《礼》《易》《春秋》等儒家经典为教材，侧重通经致用。

具有现代意义的我国官办最早的大学是1895年创办的北洋西学学堂（后更名为北洋大学堂），之后是南洋公学和京师大学堂。

中华人民共和国成立后，废除了民国时期的初小和高小之分，实行一贯制小学，先后有五年制和六年制小学。现在许多地方小学为六年制，少部分为五年制；对应的初中分别为三年制和四年制，总计九年义务教育。

可见，古往今来，学校这一特殊机构，从它诞生之日起，就承载着"为天地立心，为生民立命，为往圣继绝学，为万世开太平"的历史重任，而教书育人则成了教师这一职业的神圣使命，为中华民族伟大复兴而读书是学生应有的责任与担当。

古代师者称谓

师：老师的通称，自先秦至清末。

夫子：起先孔子门徒尊称孔子为夫子，后来夫子成为教师的尊称。

师傅：老师的通称。

博士：专掌经学传授的老师。

助教：协助博士教授学生，有国子助教、太学助教等。

祭酒：汉代始作官学中老师的称谓。

学官：汉代太学老师。

讲郎：为皇帝或太子讲授经义、讨论文史，整理经籍之人。

学正：主持学习事务的老师的敬称。

门馆先生：古代书塾老师。

教授：原为学官名，宋代始为老师的称谓。

监学：清朝末年，在中等以上学堂设监学官，称教师为监学或学监，管学生功课及考勤等事。

师保：古代辅弼帝王或教导王室子弟的学官。

古时年龄雅称

先出个题目考考大家吧。

"花甲重逢，增加三七岁月；古稀双庆，再多一度春秋。"这句诗所隐含的年龄是多少岁呢？

友情提示：花甲是60岁，花甲重逢是120岁，三七岁月是21岁，合起来是141岁。古稀是70岁，古稀双庆是140岁，一度春秋是1岁，合起来也是141岁。

答案不说你也明白了。

下面，笔者按一个人从呱呱（gūgū）坠地至百岁老人的生命时间线，将相关年龄雅称罗列如下。

幼年

0岁：初度。指小儿初生之时。语出《离骚》："皇揽揆余初度兮，肇锡余以嘉名。"

3日：汤饼之期。旧俗小儿出生三日，设席招待亲友谓之"汤饼宴"。

未满周岁：赤子、襁褓。现在以此借指未满周岁的婴儿。

初生婴儿的皮肤微微泛红，古人将这时候的孩子称为"赤子"。赤子之心，说的就是一颗如同初生儿一样纤尘不染的纯洁之心。

1岁：牙牙。婴儿学语的声音。

2至3岁：孩提。指初知发笑尚在襁褓中的幼儿。婴儿虽然长大了，但还不会走，得大人抱着。"提"指孩子此时还需要父母抱。而"孩"也不是孩子，而是"咳"的古字，形容孩子在襁褓中咯咯的笑声。人们仍常常用"孩提时代"形容自己的童年。

耳提面命，意思是对着耳朵诉说，表示教诲的殷勤恳切。多指（长辈对晚辈、上级对下级）恳切地教导。

童年

7岁（女子）：始龀（chèn）、髫（tiáo）年。

8岁（男子）：始龀、龆（tiáo）年。

一般情况下，男子8岁、女子7岁换牙，脱去乳齿，长出恒牙，这时叫"龀"；髫，古代指儿童下垂的头发，常用词"髫年"。

童龀，通常指人的童年时期。

垂髫，指头发下垂。古籍中常以垂髫、髫岁、髫年、髫龄、髫龀等指幼年或儿童。

弱冠

束发

总角

八九岁至十三四岁：总角。古代儿童将垂发扎成两个发髻，形状似羊角，故称"总角"（"总"为聚拢）。

9岁：指数之年。

10岁以下：黄口。

少年

10岁：幼学。出自《礼记·曲礼上》："人生十年曰幼学。"

12岁（女子）：金钗之年。

十三四岁（女子）：豆蔻年华。豆蔻是一种初夏开花的植物，初夏还不是盛夏，比喻女子还未成年，代指少女的青春年华。

到了15岁，古时的少男少女要将头上的两个"总角"解散。男子把头发扎成一束髻，表示成童。女子则到了可以婚嫁的年龄，要用笄（jī，指古代束发用的簪子）盘起头发，因此也称女子15岁为"及笄之年"。

15岁（男子）：束发——指男子成童之年，要把之前的总角解散扎成一束。古代男孩成童时束发为髻，于是就以"束发"代指成童之年。

15岁（男子）：志学之年。《论语·为政》："吾十有五而志于学。"意思是：十五岁应是一个人有志于做学问的年纪。

16岁：二八年华。二八为两个八岁相加。

16岁（女子）：破瓜年华、碧玉年华——古代将瓜拆分成两个八来纪年，破瓜即为两个八岁，相加为十六岁。

青年

20岁（男子）：弱冠之年。古时男子20岁举行冠礼，表示已成年。弱冠以示成年，但体犹未壮，故称"弱冠"。

20岁（女子）：桃李年华。

24岁（女子）：花信年华。

30岁（男子）：而立之年。

30岁（男子）：始室。《礼记·内则》："三十而有室，始理男事。"

中年

40岁：不惑之年。

50岁：艾。《礼记·曲礼上》："五十曰艾。"

50岁（男子）：天命、知天命。五十岁之后，知道了理想实现之艰难，故而做事情不再追求结果，对个人荣辱已经淡然。

老年

60岁：耳顺之年，又称花甲之年。天干地支纪年法，从甲子开始，以六十年为一周。又因天干地支名号繁多且相互交错，又称"花甲"。

61岁：还历寿。六十年为一轮，六十一岁正是新一轮重新算起的时候，故称"还历寿"。

70岁：古稀之年。七十岁对古人来说算高龄。杜甫有诗曰："酒债寻常行处有，人生七十古来稀。"后人就依此称七十岁为古稀之年。

77岁：喜寿。草书喜字像竖写的七十七，故代指77岁。

八九十岁：朝枝之年、耄耋之年。

80岁：伞寿。因伞（傘）字的字形似八十，故称。

88岁：米寿。因米字拆开好似八十八。

90岁：上寿（也有称百岁为上寿）。亦称鲐背。鲐是一种鱼，背上的褶皱如同老人的皮肤，故借指。

99岁：白寿。"百"字减去一为九十九。

100岁：期颐之年。《礼记·曲礼上》："百年曰期颐"。郑玄注："期，犹要也；颐，养也。不知衣服食味，孝子要尽养道而已。"意思是：人到一百岁，吃饭穿衣都要孝子来照顾。故称一百岁为期颐之年。

108岁：茶寿。茶字旧字形（茶）草字头可以从中间分成两个十，下面为八十八，整字相加得一百单八岁。

111岁：有两种讲法。一种是皇寿：根据"皇"字字形，上面白字，指九十九，下面王字是一、十、一组合，整字相加是一百一十一。另一说是川寿：川字横过来，就是一一一。

天寿之年：天寿指120岁，《尚书》云："上寿，百二十。"也有说法指109至140岁。

诗人雅号知多少

陈子昂：诗骨

孟浩然：诗星

王勃：诗杰

贺知章：诗狂

李白：诗仙、青莲居士

杜甫：诗圣、少陵野老

白居易：诗魔、香山居士

王维：诗佛

贾岛：诗奴

刘禹锡：诗豪

李贺：诗鬼

陶渊明：五柳先生

王安石：临川先生、半山老人

蒲松龄：聊斋先生、柳泉居士

王夫之：船山先生

周敦颐：濂溪先生

程颢：明道先生

欧阳修：六一居士

苏轼：东坡居士

秦观：淮海居士

陈师道：后山居士

李清照：易安居士

袁枚：随园老人

树木名称长满智慧

本文择取与我们生活息息相关的树种名称，了解其中所蕴含的文化习俗、价值观念。

松树得名与其特征有关。"松柏为百木之长。松犹公也，柏犹伯也。"意思是说，松树和柏树是所有树木的长辈，松树好似老公公，柏树好似老伯伯。参见《别了，别字先生》71页"松（鬆）"。

柏树得名，还有一种说法，与其生长特性有关。"万木皆向阳，而柏独西指，盖阴木而有贞德者，故字从白。"另外，还说与柏树形状有关。柏树树冠呈大圆锥体，与古代充当货币的贝壳很像，所以柏树名称源自"贝"。"柏"与"贝"读音相近，"柏树"就是"贝树"。柏树四季常青，赢得了与墓地相依为伴的资格。

这里特别强调一点：松树的"松"没有繁体字。有人自以为有文化地写作"鬆樹"，但"鬆"其实是"蓬松""肉松"中"松"的繁体字，汉字简化时并入松树的"松"。

臭椿，得名与其形态、味道有关。臭椿，古称樗（chū）。樗得名于臭，与"臭"读音相近。香椿与臭椿相对。不过，香椿树一般被人为控制，长得矮小；臭椿长得高大且直，可作房梁。古代传说大椿长寿，所以把椿树比作父亲，把萱草（也作谖草，传说是一种使人忘忧的草）比作母亲。古代称父为"椿庭"，母为"萱堂"，于是就有了"椿萱并茂""愿来生把椿萱再奉"。

再来讲楷树与模树。英雄、先锋，都可以被归结为——楷模。楷模，两字都是从木，楷模本就指两棵树。楷，多音字，读jiē时，作树名，即楷树；读kǎi时，指楷书、楷模等。

楷树，俗称黄连树、黄连木。其木质地柔韧，久藏不腐，湿润不裂；雕刻而成的器具玲珑剔透，木纹如丝清晰可见；整体杏黄晶莹，与封建王朝所崇尚的黄色吻合，名曰"楷雕"。传说生长在孔子墓附近的楷树为其弟子子贡所植。

周公，姬姓名旦，亦称叔旦。西周开国元勋，杰出的政治家、军事家、思想家、教育家。周公创立的礼乐文化，使贵贱有差、尊卑有别、长幼有序，从文化精神方面对整个社会施加影响。周公墓前长着模树，春天青翠碧绿，酷夏赤红如血，秋季雪白耀目，寒冬漆黑肃静。古时，以青、黄、赤、白、黑五色为正色。模树四季四色，加之生长在黄土地，共五色。于是因五色俱全，不染尘俗，亦为群树榜样。

楷树和模树，分别生长在流芳千古的孔圣人和先哲周公墓旁。后人以树喻人，便把那些品德高尚、受人尊敬、可为师表的人物称为楷模。

楷，从木从皆，形声字。其实，笔者以为"皆"有大众之意，暗示楷树为众树之典范。模，从木从莫，形声字。模，有模具之意，模树蕴藏值得树木们纷纷模仿的含义。

除了"楷模"两字，"榜样"也都是从木，由此看出，古人对"木"发自内心尊崇。由于树木地位显赫，"人才"异形词为"人材"，"十年树木，百年树人"也就顺理成章了。

几千年来，树木与树人，都是在神州大地上树一种积极向上、朝气蓬勃的精神之林。在这片郁郁葱葱、枝繁叶茂的中华民族精神之林中，必有你我的身影，即便做不了楷与模，也要做一棵冬青为四季轮换添绿；即便做不了榜与样，也要做一棵小草为精神之林增色；即便做不了松与柏，也要做苔花学着牡丹开……

　　槐树，又叫国槐，得名与其特征有关。槐，形声字，从木从鬼。槐树叶呈墨绿色，远看树冠如同一团墨绿色的浓云，使周围变得阴凉。正因为这个特点，人们喜欢在树下纳凉，怀念先祖。这也是"槐"与"怀"读音相同的缘故。山西洪洞县大槐树下，是许多中华儿女寻根问祖之处。早在周代就有了"三槐九棘"制度：左九棘，孤、公卿、大夫之位，群士在其后；右九棘，为公侯伯子男之位；面三槐，为三公之位。因此世人就以"槐棘"来指三公九卿之位了。

　　柳树。得名于古人伐木的方法。柳树被伐后的树干，茬口处能够很快长出新枝条，而且新枝通直。于是，人们保留其树干，以便再生新枝。"柳"与"留"读音相似就好理解了。古人相别，一般折柳相赠，意思就是多方挽留，再就是期望到达他乡能像柳枝那样，随遇而安。

　　梓树。梓从木从宰（省去宀，表声）。"宰"本义为家丁头头。古人认为梓树为"百木之长"，故以"宰"表声。人们常在家屋不远处种植桑树和梓树，于是"桑梓"就成家乡、故土的代名词。梓木质地非常好，便于刻字。古代在木板上刻字叫梓。付梓的意思是交稿、交付、刊印。

建筑类型名称面面观

中国古典园林艺术师法自然，建筑风格和类型别具一格。园林建筑类型丰富多彩，亭、台、楼、阁、轩、榭、廊、舫……如何才能准确区分呢？

亭，是供人憩息、乘凉和观景的场所，通常在地面直接平起。常设在园林中或风景名胜等处。设在路旁或大道上的是"凉亭""长亭"。此外，还有井亭、碑亭等。中国有名的亭有沧浪亭、陶然亭、醉翁亭等。亭与停相近，自然也指人们停下来稍事休整。

高而平的建筑叫台，一般被筑成方形。台是古老的园林建筑形式之一，台上可以有建筑，也可以没有建筑。台上规模较大、较高的建筑便叫坛，如北京天坛、地坛。

楼在战国时就已出现，是重要的建筑样式之一，如城楼、钟楼、鼓楼；登高远眺的黄鹤楼、岳阳楼；演戏的戏楼等。楼从木从娄。娄，甲骨文![]，金文![]，小篆![]，是篓的本字。从甲骨文可以看出，娄形似一女子双手扶着头顶上的篓子。娄由头顶上的竹篓引申出高的意思。楼从娄，字义不用说也就明白了。

"阁"的本义是放在门上防止门自合的长木桩，后来演变为一种底部架空的高层建筑，通常四周设隔扇或栏杆回廊，供远眺、游憩、藏书、供佛之用。阁与楼都是多层建筑物，"重屋为楼，四敞为阁"，这是楼与阁的重要区分点。滕王阁、蓬莱阁是名震四海的阁。

轩，原指车上的篷盖。前高后低为轩，前低后高为轾。轩后来引申为殿堂前檐处。古时皇帝在殿前平台上接见臣属，称"临轩"。

榭，一般是在水的边缘所搭建的平台，多借四周景色构成。榭多设于水之南岸，视线向北而观景，所见之景向阳。

廊，中国园林中最富特色的建筑之一。廊的主要功能是供人游走，故又有走廊、游廊之称。

厢，正房旁边的房屋被称作厢房。

舫是仿照船而造的一种建筑，大多三面临水，一面与陆地相连。似船而不能划动，故而又称之为"不系舟"。

阁下、殿下、陛下

阁下一词盛行于唐代，是当时对高级官员的尊称。因为古代高级官员的官署往往称阁，如龙图阁、文渊阁等，故以阁下相称。因此"阁下"可解释为

"我在您的阁楼之下"。作为引申,"阁下"这个词被广泛用作对有一定地位者的尊称,如"(尊敬的)总统阁下""总理阁下"等。

殿下是中国古代对太子、公主、亲王的敬称,也是现代社会对君主制国家王储等的敬称。殿下,本意指殿堂之下的侍卫。古时若想拜见殿上之人,必须通过侍卫禀告。久而久之,殿下由侍卫引申为被侍卫之人。

陛下的"陛"指帝王宫殿的台阶。"陛下"原来指的是站在台阶下的侍者。臣子向天子进言时,不能直呼天子,必须先呼台下的侍者而告之。后来"陛下"就引申为对帝王的敬称。